Bodas de sangre

Letras Hispánicas

Federico García Lorca

Bodas de sangre

Edición de Allen Josephs y Juan Caballero

DECIMONOVENA EDICIÓN

CÁTEDRA

LETRAS HISPÁNICAS

1.ª edición, 1985
19.ª edición, 2007

Dr. C. Caulfield

XIH 333

© Herederos de García Lorca
© Ediciones Cátedra (Grupo Anaya, S. A.), 1985, 2007
Juan Ignacio Luca de Tena, 15. 28027 Madrid
Depósito legal: B. 34.768-2007
ISBN: 978-84-376-0560-9
Printed in Spain
Impreso en Novoprint
Barcelona

Índice

7

Índice

Introducción

—¿Es usted de aquí?

—De un caserío de cerca de aquí. Torre García. ¿Lo conoce?

Cuando digo que no, parece algo ofendido.

—Pues es muy famoso. Allí se apareció la Virgen del Mar a los pescaores hace diez mil años.

—Muchos años son.

—Muchísimos. Ahora es la patrona de Almería y tós los veranos viene la mar de personá desde allí a celebrarla.

(JUAN GOYTISOLO, Campos de Níjar).

A unos veinte kilómetros al sur de Níjar está el cabo de Gata, un cabo que protege la bahía de Almería de los vientos del Este. Su nombre es, en realidad, una corrupción de cabo de Ágata. Sus rocas rojas, resecas, son de origen volcánico y desde los tiempos de los fenicios han sido famosas por sus reservas de piedras preciosas y semipreciosas, como los carbunclos y las amatistas. Sobre la costa, un poco más al oeste del cabo, en un lugar llamado Torre García, se alza una pequeña capilla que señala el lugar donde la Virgen del Mar, que es la patrona de Almería, se apareció a unos marineros en 1502 y les enseñó el lugar donde yacía su imagen enterrada en las dunas de arena. Pero, realmente, el culto de esta virgen data de mucho antes, porque se nos cuenta que la confederación de mercaderes del mar que fundó la ciudad en el siglo IX montó su estatua sobre las puertas de Pechina. Como es evidente que la mayor parte de aquella gente era musulmana, podemos suponer que asumió el papel de Isis, como protectora de los marineros y pescadores del Mediterráneo. Desde luego, incluso hoy, la devoción a la Virgen trasciende los credos, pues, en los años anteriores a la guerra civil, los pescadores andaluces, que eran, casi sin excepción de filiación anarquista, y por tanto violentamente anticatólicos, la invocaban en los temporales, y cuando fueron quemadas las iglesias respetaron una donde se veneraba su imagen.

(GERALD BRENAN, Al sur de Granada).

El día antes de la primera representación de *Bodas de sangre* por Margarita Xirgu en Barcelona (el 22 de noviembre de 1935), Federico García Lorca declaró a un periodista de *L'Instant*:

> —Se trata de un verdadero estreno. Ahora verán la obra por primera vez. Ahora se representará íntegra. Imaginaos que ya han colocado en los carteles el nombre real con que había bautizado la obra: «Tragedia». Las compañías bautizan las obras como dramas. No se atreven a poner «tragedias». Yo, afortunadamente, he topado con una actriz inteligente como Margarita Xirgu, que bautiza las obras con el nombre que deben bautizarse[1].

¿Qué quería decir Lorca con esa palabra tan cargada de sentido? ¿Qué significa, para él, tragedia? Entender la respuesta equivale a calar en uno de los misterios más hondos que nos ofrece la tierra andaluza desde su más remota antigüedad. Al mismo tiempo significa comprender la genialidad de su autor dramático más original.

El género que denominamos *tragedia* en el ámbito del teatro mundial no ha tenido mucha fortuna en la larga historia del teatro español, teatro en definitiva inclinado a la *comedia*. Incluso ha habido quien ha negado la existencia de la tragedia en absoluto[2]. A pesar de cierta escasez de antece-

---

[1] Citado en Antonina Rodrigo, *García Lorca en Cataluña*, Barcelona, Planeta, 1975, págs. 365-366.

[2] Véase, por ejemplo, el interesante estudio de Ramón J. Sender, *Valle Inclán y la dificultad de la tragedia*, Madrid, Gredos, 1965, pág. 95, donde afirma: «Nosotros no tenemos verdaderas tragedias en nuestro teatro».

dentes, Lorca no vaciló al dar un subtítulo —tantas veces la clave para entender sus piezas teatrales— inequívoco *a Bodas de sangre: Tragedia en tres actos y siete cuadros.*

No solamente en España, sino en todo el mundo occidental moderno, la tragedia ha llegado a considerarse un género problemático. Existe cierto consenso crítico que duda de la posibilidad de una tragedia verdadera en nuestra época racionalista, excesivamente racionalista para entender o aceptar el fondo irracional del género. Por un lado, parece que somos demasiado escépticos y materialistas. Y por otro, la tragedia, sobre todo la tragedia clásica, la griega, se ha ido convirtiendo en tema «mitopoético», es decir, en tema meramente literario. En efecto, tanto la tragedia como sus espectadores parecen haberse desarraigado en el siglo XX. Tal desarraigo, ¿se aplica también al teatro de Lorca?

El crítico norteamericano George Steiner, en su espléndido estudio *La muerte de la tragedia,* afirma que desde la antigüedad hasta la edad de Shakespeare y Racine, la tragedia, por su misteriosa fusión de dolor y alegría —dolor por la caída del hombre, alegría por la resurrección de su espíritu—, llegó a ser la creación poética más noble de la mente humana. Desde la antigüedad hasta la época de Shakespeare y Racine tales creaciones parecían estar al alcance de los artistas más dotados. Pero desde aquella época, concluye Steiner, la voz de la tragedia ha ido callándose[3]. El avance de la burguesía, la popularidad de la novela, la sustitución de la tragedia por el más asequible género del melodrama, la falta de un público «literato», son todos factores que, en opinión de Steiner, contribuyeron a la muerte de la tragedia[4]. Estos factores, ¿también afectaron a Lorca al escribir *Bodas de sangre?*

Existe también en la época moderna el problema de la teoría. Sobre todo a partir del neoclasicismo, los autores que quisieron escribir tragedias tuvieron que enfrentarse con las fa-

---

[3] Parafraseamos del inglés. George Steiner, *The Death of Tragedy,* Nueva York, Knopf, 1968, pág. 10.

[4] *Ibíd., passim.* En toda nuestra discusión teórica de la tragedia tenemos muy en cuenta el libro fundamental de Steiner.

mosas reglas de Aristóteles que los teóricos del siglo XVIII habían impuesto como dogmas. El abuso de estas reglas de unidad de tiempo, lugar y acción llegó a significar para el dramaturgo alemán Lessing no un *nuevo* clasicismo, sino un clasicismo falso que, en vez de captar el verdadero espíritu de la tragedia griega, efectuó una parodia no intencional del género[5]. Las discusiones teóricas de la época de Boileau, de Lessing y de Moratín, padre, han influido fuertemente en las épocas posteriores que llegan a nuestro siglo. Estos problemas teóricos, tenemos que seguir preguntando, ¿habrán tenido una influencia decisiva en el desarrollo del teatro lorquiano?

El optimismo que se desprende del racionalismo presenta otro problema para una consideración de la tragedia en nuestra época. El imperativo de deducción del racionalismo cartesiano y newtoniano, esa tendencia o necesidad de dar a todo una explicación racional, destierra terminantemente cualquier sentido del misterio esencial que late en el centro de la tragedia verdadera. Después que el Romanticismo unió el concepto de la revolución al concepto previo de la explicación racional, quedó imposibilitada la noción del *fatum* trágico o del destino ineluctable. ¿Qué papel tendrían los dioses en el mejor de los mundos posibles? O, para decirlo al revés, ¿a quién se le ocurriría preguntar *por qué* Edipo llegó a la encrucijada en el mismo momento en que llegaba su padre? Y, ¿a quién pedir una explicación racional de las brujas de *Macbeth* o del fantasma de *Hamlet?* Esas preguntas son inapropiadas en el contexto de la tragedia anterior al XVIII. Ahora cabe preguntar si esa noción de perfectibilidad inherente al progresivismo afectó también a Lorca y a sus ideas respecto de la tragedia.

Terminaremos nuestra discusión preliminar del género de la tragedia con lo que George Steiner llama «el dilema de la tragedia moderna»[6]. De las tres mitologías que existían en el mundo occidental, la clásica sólo conduce, según Steiner, a

---

[5] *Ibíd*, págs. 188-189. Para Steiner, Lessing es el teórico que divide las dos épocas de la historia del teatro: hasta el neoclasicismo y desde el neoclasicismo.

[6] *Ibíd.*, pág. 324.

un pasado muerto, y la cristiana y la marxista son, por sus respectivas metafísicas, antitrágicas. Ninguna de las tres lleva a una tragedia moderna factible, y el intento mitopoético de dramaturgos modernos como Eliot, Sartre, Claudel, Yeats, Cocteau o Gide de llegar a través de Freud o de Frazer, es decir, a través del psicoanálisis o de la antropología, a la esencia clásica de la tragedia, constituye por parte del dramaturgo moderno un intento de llenar los odres viejos —los mitos antiguos— con vino nuevo. Ese intento, dice Steiner, es un juego fascinante que se basa en admitir tácitamente, desde un principio, que ninguna mitología creada en la edad empírica puede parangonarse con la mitología antigua, ni en poder trágico ni en forma teatral[7]. El fracaso de estos intentos modernos se debe sobre todo a que el teatro trágico es «una expresión de la fase pre-racional de la historia; se funda en la noción de que hay en la naturaleza y en la psique humana fuerzas ocultas y no controlables capaces de enloquecer y de destruir». Según la conclusión, para nosotros muy certera, de Steiner, la tragedia verdadera «sólo puede ocurrir donde la realidad no ha sido enjaezada por la razón y la conciencia social»[8].

Sin pretender hacer aquí un estudio exhaustivo de los factores negativos que imposibilitan la tragedia, sí debemos examinarlos con respecto al intento de Lorca de crear una tragedia en *Bodas de sangre*. Como veremos, estos factores negativos no afectaron a Lorca tal y como afectaron a los dramaturgos del resto de Europa, porque la realidad socio-histórica de España antes de la guerra civil —sobre todo la realidad andaluza— se parecía poco a la realidad del resto de Europa, hecho primario y básico que habremos de tener muy en cuenta al considerar el carácter trágico de *Bodas de sangre*.

De todas las culturas europeas la andaluza es como bien supieron ya en los años 20 Adolfo Schulten, Ortega y el mismo Lorca[9] la más antigua. Pero, además, en la época de Lor-

[7] *Ibid.*, págs. 324-325.
[8] *Ibíd.*, pág. 342.
[9] Véanse el artículo de Adolfo Schulten, «Tartessos», *Revista de Occidente*, año I, núm. 1 (julio 1923), págs. 65-94, reimpreso en edición facsímil en julio de 1973; el artículo de José Ortega y Gasset, «Teoría de Andalucía», *Obras completas*, Madrid, *Revista de Occidente*, 5.ª ed., 1961, tomo VI, pág. 113;

ca, como gran parte de la España rural, Andalucía había evolucionado poco, y muchos aspectos de la antigüedad clásica se habían conservado en ella. Como certeramente observó Julio Caro Baroja, «un pueblo andaluz es un museo vivo en el que hay desde rasgos del neolítico hasta otros de origen recientísimo»[10]. Lorca no sólo conocía muy bien la pervivencia de esos rasgos remotos, sino que los utilizó a lo largo de su carrera literaria. En *Bodas de sangre* el hecho de que su autor situara la casa de la novia en una cueva no es, pues, ni accidental ni rebuscado. Más bien diríamos que es «natural» en todo el sentido de la palabra, un elemento más en aquel museo vivo del campo andaluz.

A consecuencia del conservadurismo radical del campo andaluz y de numerosos factores sociohistóricos —entre ellos la invasión musulmana, la marginación del campo andaluz por parte de los conquistadores castellanos, y el estancamiento de todo el país después del colapso del imperio español— la vieja vida mediterránea del sur de España, muy parecida a la que había dado luz a la tragedia griega, se había «congelado» mientras el mundo occidental experimentaba sus grandes revoluciones industriales, científicas, políticas y religiosas. En su ya clásico estudio antropológico de un pueblo andaluz (Grazalema), Julian A. Pitt-Rivers opina que el pueblo andaluz se parece más a la *polis* griega que a la *urbs* romana que a su vez dio lugar a la estructura urbana moderna[11]. Aunque de manera innata o al principio intuitiva, Lorca tuvo desde sus comienzos literarios conciencia de la naturaleza antigua de su pueblo. Considérese lo que escribió a los diecinueve años en su primer libro, *Impresiones y paisajes:*

el ensayo de Federico García Lorca «Teoría y juego del duende», *Obras completas*, Madrid, Aguilar, vigésima edición, 1977, vol. I, págs. 1097-1109, especialmente página 1101 (en lo sucesivo indicamos el número del volumen y la página correspondiente dentro de nuestro texto). Véase también el análisis que hacemos de la antigüedad andaluza en la obra de Lorca en nuestra edición de *Poema del Cante Jondo/Romancero gitano*, Madrid, Cátedra, 1977, págs. 19-54.

[10] Julio Caro Baroja, *Los pueblos de España*, Madrid, Istmo, 1976, vol. 1, pág. 133.

[11] Julian A. Pitt-Rivers, *The People of the Sierra*, Chicago, The University of Chicago Press, 2.ª ed., 1971, pág. 30.

«Hay que ser religioso y profano. Reunir el misticismo de una severa catedral gótica con *la maravilla de la Grecia pagana*» (I, 840, subrayado nuestro). Al mismo tiempo sabría de la procedencia telúrica de la cultura de su pueblo.

A través de su ensayo más famoso, «Teoría y juego del duende», ha llegado a ser el intérprete más expresivo de lo que él llamaría «cultura de sangre»:

> ...no es cuestión de facultad, sino verdadero estilo vivo; es decir, de sangre; es decir, de viejísima cultura, de creación en acto. Este «poder misterioso que todos sienten y que ningún filósofo explica» es, en suma, el espíritu de la tierra... (I, 1098)[12].

«Viejísima cultura», y «espíritu de la tierra», constituyen, según el poeta-ensayista, la esencia del arte español —y sobre todo el andaluz— en vez del racionalismo desarraigado del resto de Occidente.

Y continuaba,

> ...el mismo duende que abrazó el corazón de Nietzsche, que lo buscaba en sus formas interiores sobre el puente Rialto o en la música de Bizet, sin encontrarlo y sin saber que el duende que él perseguía había saltado de los misteriosos griegos a las bailarinas de Cádiz[13] o al dionisiaco grito degollado de la siguiriya de Silverio (1, 1098).

Duende, misteriosos griegos, dionisiaco grito degollado: ¿qué pretendía Lorca con estas alusiones sino decir de manera nada velada que el duende andaluz era el heredero directo de la esencia trágica de la Grecia antigua?

Sabemos por su íntimo amigo Rafael Martínez Nadal que Lorca era un lector asiduo de los clásicos griegos, sobre todo

---

[12] La frase «poder misterioso que todos sienten y que ningún filósofo explica» es de Goethe, *Conversaciones con Eckermann*. Sobre Goethe y Lorca véase el interesante artículo de Judy B. McInnis, «The Psychological Map of García Lorca's Aesthetics: Granada as Universal Image», *The Comparatist*, vol. VIII (mayo de 1984), págs. 33-42; Marie Laffranque, *Les idées esthetiques de Federico García Lorca*, París, Centre de Recherches Hispaniques, 1967, pág. 253; y nuestra edición de *Poema del Cante Jondo/Romancero gitano*, pág. 28.

[13] Para un estudio de las *puellae Gaditanae* y su conexión con las religiones mistéricas del antiguo Medio Oriente, véase el capítulo cuarto «Dancers of Gädes» en Allen Josephs, *White Vall of Spain: The Mysteries of Andalusian Culture*, Ames, Iowa, Iowa State University Press, 1983, págs. 67-99.

de los trágicos[14], y sin duda alguna, estas alusiones están hechas con toda intención. En estas breves palabras Lorca estaba sugiriendo toda una teoría socio-histórico-antropológica, y esto era que la esencia de la tragedia existía también en la Andalucía antigua, pero que además esa esencia había sobrevivido hasta nuestro tiempo. Para decirlo de otra forma, la vieja sensibilidad mediterránea, que había desaparecido del resto del mundo occidental, no sólo había existido en Andalucía, sino que todavía se encontraba bien anclada en el fértil campo andaluz.

Ahora bien, ¿esa existencia implica que haya un público preparado para participar en ella o al menos para entenderla y aceptarla? La contestación no es fácil y encierra uno de los problemas más arduos que hemos de abarcar en nuestro estudio de *Bodas de sangre*.

Es bien sabido que Lorca reaccionó vehementemente contra el público de su época criticando su aburguesamiento y mal gusto. Algunos pasajes de su teatro —como el prólogo de *La zapatera prodigiosa* o gran parte de la farsa para guiñol *El retablillo de Don Cristóbal*— constituyen sendas lecciones de buen gusto para el público. Y ciertas declaraciones suyas no distan mucho de ser diatribas contra el mal gusto reinante y el estado moribundo en el que se encontraba, según Lorca, el teatro comercial español. Su obra *El público* trata del tema del espectador directamente y con intención. Como explicó Lorca en una entrevista de Buenos Aires, precisamente en el momento del gran triunfo de *Bodas de sangre*:

> ...no pretendo estrenarla en Buenos Aires, ni en ninguna parte, pues creo que no hay compañía que se anime a llevarla a escena ni público que la tolere sin indignarse.
> ...porque es el espejo del público (II, 992).

---

[14] Rafael Martínez Nadal en su introducción a *Poems, F. García Lorca*, Londres, The Dolphin Book Co., 1939, pág. viii. Traducción nuestra del inglés. El hermano del poeta, Francisco García Lorca, cuenta que Lorca era también muy aficionado a la lectura de Hesíodo de cuya *Teogonía* tenía un ejemplar ilustrado como libro de cabecera. *Federico y su mundo*, Madrid, Alianza, 1980, pág. 100.

Otra declaración de Buenos Aires al día siguiente nos presenta esa especie de diatriba contra el público burgués. La cita puede servir como un ejemplo entre muchos porque resume muy bien la actitud de Lorca al respecto:

—¿Rechaza usted el público burgués?
—Ese que se regodea con escenas en el que el protagonista se arregla la corbata silbando y llama de pronto a su criado:... «Oye Pepe, tráeme...». Eso no es teatro, ni es nada. Pero la gente de plateas y de palcos hacen lo mismo todos los días y se complacen en verlo. Yo arrancaría de los teatros las plateas y los palcos y traería abajo el gallinero. En el teatro hay que dar entrada al público de alpargatas. «¿Trae usted, señora, un bonito traje de seda? Pues, ¡afuera!» El público con camisa de esparto, frente a Hamlet, frente a las obras de Esquilo, frente a todo lo grande. Pero ¡qué! Si lo burgués está acabando con lo dramático del teatro español. Está echando abajo uno de los dos grandes bloques que hay en la literatura dramática de todos los pueblos: el teatro español. El otro bloque es el teatro chino[15].

El año es 1933, plena república, y en esa época Lorca había estado trabajando intensamente en dos proyectos: sus tragedias, *Bodas de sangre* y *Yerma,* y el teatro universitario ambulante «La Barraca» que dirigía junto con Eduardo Ugarte. Eran dos proyectos que podían resumirse así: tragedia y pueblo. La yuxtaposición no es nada casual. Veamos lo que dijo en otra entrevista porteña:

—Háblenos de «La Barraca»...
—¡Ah!... «La Barraca»... Eso es algo muy serio. Ante todo es necesario comprender por qué el teatro está en decadencia. El teatro, para volver a adquirir su fuerza, debe volver al pueblo, del que se ha apartado. El teatro es, además, cosa de poetas. Sin sentido trágico no hay teatro y del teatro de hoy está ausente el sentido trágico. El pueblo sabe mucho de eso[16].

---

[15] *Crítica* (Buenos Aires), 15 de octubre de 1933. Recogida por Mario Hernández en su edición de *Bodas de sangre,* Madrid, Alianza, 1984, pág. 214. De aquí en adelante citamos esta edición como Hernández. Cfr. también lo que Lorca opinó sobre el teatro español, «Así en general, que es un teatro de y para puercos. Así, un teatro hecho por puercos y para puercos» (II, 966).

[16] Pablo Suero, *Noticias Gráficas,* 14 de octubre de 1933. Recogida por Christopher Maurer en «Buenos Aires, 1933. Dos entrevistas olvidadas con F. G. L.», *Trece de Nieve,* 2.ª época, 3 (1977), págs. 66-68.

Influencias en Lorca —

Más sucinto no podía ser. Únicamente la combinación del don poético de un Federico García Lorca y la sabiduría innata del pueblo pre-racional, pre-cartesiano, no evolucionado, todavía con duende (ese duende que había saltado de los misteriosos griegos que inventaron la tragedia), y que todavía conservaba aquella sensibilidad mediterránea, podría producir tragedia de verdad, salvación de la decadencia en la que había caído el teatro de nuestro tiempo.

Si fuéramos a trazar sus influencias teatrales, tendríamos que incluir a Goethe y a Shakespeare junto con los grandes del teatro griego. Lorca sabía perfectamente que sus pares no eran Benavente ni Marquina ni Martínez Sierra, y entendía que la gran atracción del teatro griego poco o nada tenía que ver con las famosas reglas de unidad con las que los seguidores de Aristóteles habían maniatado el género. Sabía además que la grandeza trágica no emanaba de las formas exteriores de una obra, sino de su espíritu interior, y, como Lessing, podía aceptar perfectamente a Shakespeare al lado de Sófocles o al lado de Esquilo (recordemos lo que citamos sobre Hamlet, Esquilo y «todo lo grande»). Así respaldó, conscientemente o no, la división fundamental que había propuesto Lessing, no entre griegos e isabelinos, como tradicionalmente se venía haciendo, sino entre Shakespeare y los neoclásicos, división, según Lessing, como ya apuntamos, no entre el clasicismo y el neoclasicismo, sino entre el clasicismo verídico y un clasicismo falso[17].

Los románticos, en rebeldía contra el exceso de lógica y de reglas, acogieron con fervor las ideas de Lessing, haciendo de ellas bandera. Como comenta Steiner con perspicacia, entendemos de golpe lo que quiso decir Víctor Hugo al llamar a Macbeth descendiente norteño de la casa de Atreo. Elsinore parece estar cerca de Micenas y el sino de Orestes tiene un profundo eco en el de Hamlet. Los mismos perros infernales husmean su presa en el santuario de Apolo y en la tienda de Ricardo III. Edipo y Lear llegan a parecidas revelaciones a través de una ceguera parecida. No es entre la época de Eurípides y la de Shakespeare cuando la mente oc-

---

[17] Véase la interesante discusión de Steiner al respecto, págs. 186-198.

cidental pierde el antiguo sentido trágico de la vida. Es a finales del siglo XVII. El triunfo del racionalismo y de la metafísica secular destierran definitivamente el sentido trágico. Como afirma Steiner, aunque sea negar la realidad del tiempo, Shakespeare —como también, añadimos nosotros, el Lope de *El caballero de Olmedo*— está más cerca de Sófocles que de Voltaire. Las modalidades de la imaginación implícitas en la tragedia ateniense siguieron formando nuestro modo de entender el mundo hasta la época de Descartes y de Newton, época en la que ya se abandonaron los antiguos modos de sentir y de ordenar la experiencia humana[18]. La razón y la lógica positivista cierran de momento las ventanas teatrales que habían estado abiertas de par en par sobre el abismo desde los primeros ditirambos de la Grecia presocrática hasta el siglo de las luces.

Todo «esto» lo sabía Lorca a la perfección. De ello hizo su carrera. Se dio cuenta desde muy joven de la anomalía .que presentaba su propia cultura y se hundió como ninguno antes o después en sus raíces. Al hacerlo se enteró de aquella posición genial y única de la cultura española popular y sobre todo la andaluza, cultura definitivamente occidental en la que, sin embargo, se había guardado el antiguo sentido trágico de la vida.

Para resumir brevemente: 1) la cultura española del campo, siempre con su centro y eje para Lorca en Andalucía, no sufrió el desarraigo que caracterizó al mundo industrializado; 2) aunque el público burgués amenazaba al teatro verdadero, Lorca veía una posible salvación, una vuelta a los antiguos valores teatrales, en el pueblo; 3) los problemas aristotélicos y teóricos que tanto exasperaban a los dramaturgos ingleses, franceses y alemanes no suponían para Lorca un legado indispensable ni una barrera para la creación de la tragedia, puesto que él, a través de su propio duende y su propia «cultura de sangre», podía beber de la misma fuente que los antiguos «griegos misteriosos»; y 4) la cultura popular en España —máxime en Andalucía— no había padecido el yugo del racionalismo excesivo que convertiría la

---

[18] *Ibíd.*, págs. 190-193. Parafraseamos del inglés.

lógica en una religión secular, conversión que significaría el triunfo de la clase media y del melodrama burgués, pero que al mismo tiempo mataría el antiguo sentido fatalista de la verdadera tragedia.

Hay un pasaje de George Steiner que resume bellamente la dificultad de la tragedia en el mundo racional y que explica nítidamente la diferencia entre el mundo moderno y el mundo que todavía quedaba, por lo menos de forma latente, en la visión trágica de Lorca. En la tragedia de los griegos como en la de Shakespeare las acciones mortales están abarcadas por fuerzas que trascienden al hombre. La realidad de Orestes está vinculada a las furias, y las brujas acechan el alma de Macbeth. No podemos concebir a Edipo sin la esfinge, ni a Hamlet sin el fantasma. Todo el mundo natural participa en la acción. Los truenos sobre Colono y las tempestades de Lear significan mucho más que meras inclemencias del tiempo. En la tragedia el rayo es un mensajero, pero a partir de la corneta de Benjamín Franklin (encarnación perfecta del nuevo hombre racional), ya no puede serlo. Y al toque de Hume o de Voltaire las visiones, tanto nobles como horrendas, que habían vagado por la mente desde que la sangre derramada de Agamenón reclamase venganza, desaparecieron o buscaron refugio entre las chabacanas luces de gas del melodrama. Los gallos modernos, termina Steiner, han perdido su arte de mandar cacareando a las almas en pena su vuelta al Purgatorio[19]. Pero en Andalucía, que no conoce Steiner, y que todavía pertenece en la época de Lorca a *aquel* mundo natural que abarca furias, brujas y rayos mensajeros de la visión pre-lógica, los gallos no han perdido su antiguo arte. Como veremos al interpretar *Bodas de sangre*, los Leñadores, la Luna y la Mendiga siguen representando perfectamente a las mismas fuerzas emboscadas y sobrenaturales de la antigua visión trágica.

Sólo nos queda discutir el problema de la tendencia «mito-poética» de los dramaturgos de nuestro siglo para ter-

---

[19] *Ibíd.*, págs. 193-194. Este pasaje que parafraseamos del inglés nos parece tanto por su lirismo crítico como por su enjundia sincrética uno de los pasajes capitales de este estudio fundamental de la tragedia.

minar nuestra indagación teórica de las dificultades de la tragedia en la edad moderna. Como decíamos al principio, una serie de dramaturgos, entre ellos Eliot, Sartre, Claudel, Yeats, Cocteau y Gide, intentaron volver a escribir los mitos y las tragedias antiguas. Fracasaron al admitir tácitamente que no tenemos ninguna mitología vigente en nuestra época, o por lo menos ninguna mitología que pueda conducirnos a un sentido nuevo de la tragedia. Si acudieron a los mitos antiguos es porque no veían la posibilidad trágica en los temas contemporáneos. En vez de escribir tragedias nuevas reescribieron las historias ya escenificadas por los antiguos. Steiner es duro con ellos: afirma que son ladrones de tumbas y conjuradores de fantasmas de la gloria antigua, y opina que sus tragedias son ejercicios de arqueología e intentos de sacar fuego de las cenizas[20].

Volvamos al porqué, puesto que es esencial a nuestra tesis. El teatro trágico es una expresión de la frase pre-racional de la historia; se funda en la noción de que hay en la naturaleza y en la psique humanas fuerzas ocultas y no controlables capaces de enloquecer y de destruir. La tragedia sólo puede ocurrir donde la realidad no ha sido enjaezada por la razón y la conciencia social[21]. Como veremos a continuación, esas fuerzas ocultas de la tragedia están muy presentes en *Bodas de sangre,* tragedia de una «cultura de sangre» no enjaezada, sobre todo en la época de Lorca, ni por la razón ni por la conciencia social. *Bodas de sangre* no pertenece, pues, a ninguna de las tres mitologías que hacen fracasar nuevos intentos de tragedia. No es, por lo tanto, «mitopoética» en absoluto, ni incide en las mitologías vigentes en nuestro tiempo. Al contrario, es una tragedia andaluza, *sui generis,* que entronca por su espíritu —pero no por recrear un mito antiguo— con el mundo griego. Además es de notar que Lorca no llegaría a una tragedia propia sin rechazar

[20] *Ibíd.,* págs. 304-305. Debe leerse todo el capítulo del estudio de Steiner. Constituye una crítica brillante del fracaso de los intentos de Yeats, Claudel, Eliot, Hofmannsthal, Shaw, Maxwell Anderson, Sartre, Robinson Jeffers, Gide, Giraudoux, Cocteau, O'Neill, Anouiih y Brecht, entre otros, págs. 303-350.

[21] *Ibíd.,* pág. 342. Traducimos del inglés.

primero la tentación «mitopoética». En 1[...]
compañía de Salvador Dalí, las ruinas gr[...]
Ampurias y allí vio un gran mosaico roman[...]
taba el sacrificio de Ifigenia, hija de Agamen[...]
Eurípides había escrito dos obras. El mosaic[...]
le inspirado a trabajar en una obra suya llamada precisamente *El sacrificio de Ifigenia*. Trabajó esporádicamente en la
obra en Cataluña y escribió después a Ana María Dalí, la
hermana de Salvador e íntima amiga de Lorca en aquella
época, diciéndole que la había terminado en Málaga y que
le mandaría un fragmento. Mas el fragmento no llegó nunca a Ana María Dalí y Lorca parece haber abandonado este
proyecto al que se había referido como su «alegoría al Mediterráneo»[22]. En esa misma época escribió a su amigo granadino Fernando Vilches el comentario siguiente: «Después de la Vega (de Granada), pocas cosas más bellas que el
Ampurdán... En este paisaje he oído, por primera vez en mi
vida, la verdadera y clásica flauta del pastor» (II, 1252).
Aquella flauta había sido una gran inspiración para Lorca
como también parece haberlo sido el paisaje marítimo de
Málaga. En la carta a Ana María Dalí escribe: «...tenía una
ansiedad enorme por estar en el mar. Luego estuve y me he
curado completamente. Puedo decir que Málaga me ha
dado la vida. Así pude terminar mi *Ifigenia,* de la que te en-
viaré algún fragmento» (II, 1278). Sin embargo, ni la flauta
ampurdanesa ni el solaz del mar malagueño fueron sufi-
cientes, a pesar de su afirmación de haberla terminado,
para que Lorca siguiera con esta obra de la que ya no oire-
mos más. Según Ian Gibson, «En 1935 le instará a Margarita Xirgu para que represente, en Ampurias mismo, una de
las tragedias de Eurípides basadas en este mito (de Ifigenia)»[23]. Pero ya no se trata de una versión mitopoética he-

[22] Rodrigo, pág. 164.
[23] Ian Gibson, «García Lorca y Cataluña», *El País Semanal,* 14 de abril de
1985, pág. 22. Margarita Xirgu ya había montado en 1933 una versión de
Medea de Séneca en traducción de Unamuno. Cfr. Suzanne Byrd, *La barraca and the Spanish Nacional Theather,* Nueva York, Ediciones Abra, 1975,
págs. 62-63, 76; y Antonina Rodrigo, *Margarita Xirgu y su teatro,* Barcelona,
Planeta, 1974, páginas 192-194.

or Lorca sino de la propia tragedia de Eurípides. En el
.rin Lorca parece haber entendido que, para él, el cami-
.o de la tragedia no se encontraba en lo que Steiner califi-
caría de «ejercicios de arqueología», sino en el museo vivo
de Andalucía del que él, a través de su *Romancero gitano* sobre todo, había llegado a ser el mejor intérprete mítico, no
autor que volvería a escribir las obras clásicas, sino verdadero intérprete que universalizaría todo lo mítico que le brin-
daba su propio microcosmos andaluz[24].

Podemos concluir que, en efecto, ninguno de los aspectos problemáticos que tanto han perjudicado a los escrito-
res modernos del género afectó a Lorca. En una entrevista
de 1933, Lorca declaró: «*Bodas de sangre* es la primera parte
de una trilogía dramática de la tierra española» (II, 962). Al
año siguiente añadió: «Sin este mi amor a la tierra, no hubiera podido escribir *Bodas de sangre*» (II, 1022). En otra entrevista del mismo año afirmó: «Hay que volver a la tragedia. Nos obliga a ello la tradición de nuestro teatro
dramático. Tiempo habrá de hacer comedias, farsas. Mientras tanto, yo quiero dar al teatro tragedias» (II, 1027). Y ter-
minaba la entrevista diciendo: «Caminos nuevos hay para
salvar al teatro. Todo está en atreverse a caminar por ellos»
(II, 1028). Como veremos al analizar la obra y como ya hemos empezado a entrever, esos caminos nuevos son precisamente los caminos antiguos, los caminos muy antiguos y
telúricos que corresponden a la antigua tragedia clásica.
Lorca no sólo no se dejó afectar por los problemas que hemos analizado, sino que los evitó del todo al buscar atrevi-
damente un nuevo vínculo con un mundo que en general
ya habíamos dejado atrás. Otros dramaturgos buscarían
fuego en las cenizas. Lorca, en cambio, no saldría de su propia cultura. Como dijo en la «Poética» que escribió para Gerardo Diego en 1932: «Aquí está; mira. Yo tengo el fuego en
mis manos» (I, 1171).

---

[24] Para una interpretación mítica del *Romancero*, véase nuestra introducción a *Poema del Cante Jondo/Romancero gitano*.

En abril de 1935, Lorca, ya dramaturgo de creciente fama internacional, concedió una larga entrevista a Nicolás González-Deleito en la que habló de la importancia del teatro poético:

> —El teatro que ha perdurado siempre es el de los poetas. Siempre ha estado el teatro en manos de los poetas. Y ha sido mejor el teatro en tanto era más grande el poeta. No es —claro— el poeta lírico, sino el poeta dramático. La poesía en España es un fenómeno de siempre en este aspecto. La gente está acostumbrada al teatro poético en verso. Si el autor es un versificador, no ya un poeta, el público le guarda cierto respeto. Tiene respeto al verso en teatro. El verso no quiere decir poesía en el teatro... No puede haber teatro sin ambiente poético, sin invención... La obra de éxito perdurable ha sido la de un poeta, y hay mil obras escritas en versos muy bien escritos que están amortajadas en sus fosas (II, 1046).

Al final de la entrevista reflexionó sobre los éxitos recientes de sus tragedias *Bodas de sangre* y *Yerma:*

> En escribir tardo mucho. Me paso tres y cuatro años pensando una obra de teatro y luego la escribo en quince días... Cinco años tardé en hacer *Bodas de sangre;* tres invertí en *Yerma.* De la realidad son fruto las dos obras. Reales son sus figuras; rigurosamente auténtico el tema de cada una de ellas. Primero, notas, observaciones tomadas de la vida misma, del periódico a veces. Luego, un pensar en torno al asunto. Un pensar largo, constante, enjundioso. Y, por último, el traslado definitivo; de la mente a la escena (II, 1047).

Teatro poético por un lado, afirma el autor, y por otro, una base en la realidad con temas «rigurosamente auténticos» y «observaciones tomadas de la vida misma, del periódico a veces». Trazar ese proceso con el que el poeta convertiría la realidad en poesía, y, en el caso de *Bodas de sangre,* un extraño y truculento suceso cuyas noticias aparecieron en los periódicos, en una tragedia poética cuyas raíces se hunden hasta los umbrales telúricos del género, es entender la alquimia artística de uno de los creadores más originales de nuestro tiempo.

27

¿Cuál fue el metal común de aquel suceso extraño y truculento que Lorca trocaría en oro poético en *Bodas de sangre*? El 22 de julio de 1928, en el campo de Níjar, provincia de Almería, ocurrió un asesinato que vendría a llamarse «el crimen de Níjar» y que ocuparía los periódicos tanto madrileños como andaluces durante más de una semana. Según cuenta la hispanista francesa y amiga de Lorca, Marcelle Auclair, el 25 de julio Lorca charlaba con su amigo Santiago Ontañón en la Residencia de Estudiantes cuando entró otro amigo, Diego Burgos. Este tiró un ejemplar del *ABC* sobre la mesa. Lorca lo recogió y exclamó al rato: «¡La prensa, qué maravilla! ¡Leed esta noticia! Es un drama difícil de inventar»[1]. Así comenzó a germinar en la mente del autor la obra que tardaría cinco años en florecer sobre el escenario.

Las primeras noticias del crimen se publicaron el 24 de julio en los diarios de Almería y de Granada. El mismo día 24 apareció en grandes titulares la siguiente noticia: «Misterioso crimen en un cortijo de Níjar / Momentos antes de verificarse la boda se fuga con un primo para burlar al novio / Les sale al encuentro un enmascarado y mata a tiros al raptor»[2]. Sin embargo —por lo que cuenta Marcelle Auclair—, parece que Lorca se enteró por primera vez del suceso al leer el reportaje del *ABC* del día siguiente:

> Almería, 24. —En las inmediaciones de un cortijo de Níjar se ha perpetrado un crimen en circunstancias misteriosas.
> Para la mañana de ayer se había concertado la boda de una hija del cortijero, joven de veinte años.
> En la casa se hallaban esperando la hora de la ceremonia el novio y numerosos invitados. Como la hora se acercaba y la novia no llegaba ni aparecía por la casa, los invitados se retiraron contrariados. Uno de éstos encontró a una distancia de ocho kilómetros del cortijo el cadáver ensangrentado de un primo de la novia que iba a casarse, apellidado Montes Ocaña, de treinta y cuatro años. A las voces de auxilio del que hizo el hallazgo, acudieron numerosas personas que regresaban de la cortijada y la Guardia Civil, que logró dar con

---

[1] Marcelle Auclair, *Vida y muerte de García Lorca*, México, Ediciones Era, 1972, pág. 265.

[2] *Heraldo de Madrid*, 24 de julio de 1929. Recogido en C. B. Morris, *García Lorca: Bodas de sangre*, Londres, Grant & Cutler, Ltd., 1980, págs. 16-17.

la novia, que se hallaba oculta en un lugar próximo al que estaba el cadáver, y con las ropas desgarradas.

Detenida la novia, manifestó que había huido en unión de su primo para burlar al novio. La fuga la emprendieron en una caballería, y al llegar al lugar del crimen les salió al encuentro un enmascarado, que hizo cuatro disparos, produciendo la muerte de Montes Ocaña.

También fue detenido el novio, quien niega toda participación en el crimen, que hasta ahora aparece envuelto en el mayor misterio[3].

Lorca seguiría con mucho interés los reportajes de toda la semana, resumidos en grandes titulares así: «Epílogo de un crimen de romance andaluz / El rapto de Frasquita por Curro Montes ha originado una muerte, un caso de locura, otro de enfermedad grave, el dolor de tres familias y... bastante literatura»[4]. Quizá el reportaje más interesante fuese este diálogo imaginario publicado el día 26 en el *Heraldo de Madrid*:

—Conque te casas ¿eh? —le dijo a modo de reproche.

—Sí; ¿qué quieres? Me caso —contestaría ella, sin poner, seguramente, mucho fuego, y sí antes alguna tristeza resignada, en sus palabras.

—Tú no te casas con ese hombre. No quiero yo. No quieres tú tampoco. Lo estoy leyendo en tus ojos. Casimiro no puede hacerte feliz porque... porque no, porque no te gusta.

—Pero es bueno, es honrado, es trabajador, y me quiere.

—Lo que quiere es el dinero de tu padre. ¿Cómo te voy a dejar yo que te cases con él, si veo que no le quieres, que me sigues queriendo a mí? ¿Recuerdas?[5]

Aunque este diálogo ciertamente perteneció a la categoría de «literatura», no dejan de llamar la atención aún hoy las semejanzas entre lo que se figuró el periodista del *Heraldo* y lo que el dramaturgo creó cinco años después en la máxima literatura que generaría el crimen.

[3] *ABC*, 25 de julio de 1928. Reproducido en Auclair, pág. 265. También recogido por Antonio Ramos Espejo, «Los protagonistas de *Bodas de sangre* viven en el Campo de Níjar», *Triunfo*, 25 de agosto de 1979, núm. 865, pág. 53. También en Hernández, pág. 176. Ramos Espejo señala el error de edad de Montes Ocaña, afirmando que no tenía 34 años sino 24.

[4] *Heraldo de Madrid*, 30 de julio de 1928. Recogido por Morris, pág. 17. Morris señala también además el título de una película del mismo año, *Bodas sangrientas*, que cree que puede haber influido en el dramaturgo, pág. 16.

[5] *Ibid.*, pág. 17.

Lorca debe haber seguido de cerca la historia de Níjar en varios periódicos. En esa misma época se marchó a Granada donde su hermano Francisco recordó que Lorca leyó «una breve información periodística, de unas veinte líneas, aparecida en unos de los periódicos locales de Granada»[6]. Lo más probable es que fuese el artículo que apareció el 25 en *El Defensor de Granada.* Existen ciertas diferencias entre éste y el reportaje que había leído en *ABC* que deberían señalarse. En este diario se dice que la novia, «hija de un rico labrador», «desapareció», hecho que se asemeja más al argumento de *Bodas de sangre:* «Cuando se iba a celebrar la ceremonia religiosa, notaron que la novia había desaparecido, y por muchas gestiones que se practicaron no pudo ser encontrada». Además, el novio, según esta versión, salió a buscarla: «El novio, avergonzado, salió en su busca y tampoco logró encontrarla». Por fin confesó la novia su enamoramiento: «La novia, cuyas ropas estaban desgarradas, declaró que ella se fugó con su primo porque era a quien amaba...»[7]. ¿Tomaría el poeta notas al respecto? No ha quedado evidencia de notas, apuntes ni esbozos de la obra. Francisco García Lorca incluso creyó que se le había olvidado la fuente a su hermano: «Aparentemente el relato periodístico quedó olvidado. Sin embargo, algún tiempo después Federico me habló de una idea que tenía para una tragedia: estaba basada en el incidente de Almería»[8]. Otro comentario de Francisco arroja

[6] Francisco García Lorca, *Federico y su mundo*, pág. 334.

[7] *El Defensor de Granada*, 25 de julio de 1928, recogido también en Hernández, pág. 29. Fue lo suficientemente notorio el caso de Níjar como para engendrar «romances». Los recoge Antonio Ramos Espejo; José-Luis L. Morales, «Vive todavía la protagonista de *Bodas de sangre*», *Blanco y Negro*, 8 de febrero de 1964; y Fernando Valls Guzmán, «Ficción y realidad en la génesis de *Bodas de sangre*», *Ínsula*, núms. 368-369 (1977), págs. 24 y 38. Estos romances son interesantes, pero nosotros, al menos, dudamos que hayan influido mucho en la concepción de *Bodas de sangre*, que como veremos, siempre trasciende la realidad. Además, es de señalar que lo que nos interesa aquí son las fuentes periodísticas que pudieron servir a Lorca de inspiración. Importa menos, pues, averiguar lo que ocurrió de verdad que lo que Lorca leyera en la prensa.

[8] Francisco García Lorca, «From Granada to Bleeker Street», *The New York Times*, 30 de enero de 1949. Citado en Hernández, pág. 28. Es difícil que Lorca olvidase la fuente periodística. Pero de ser así, no sería la primera vez.

cierta luz sobre el posible procedimiento artístico de su hermano: «Federico sólo hacía esquemas de las obras que no iba a escribir»[9].

«Primero, notas, observaciones tomadas de la vida misma, del periódico a veces», decía Lorca. Pero no habrá que tomar demasiado al pie de la letra la aseveración del poeta: realismo, sí, hasta cierto punto en el germen de la obra, en su arranque inicial, pero no se trata de un Emilio Zola tomando apuntes cuidados y copiosos en una fábrica o en una mina. Mucho más importante nos parecen las frases que siguen: «Luego, un pensar en torno al asunto. Un pensar *largo, constante, enjundioso*. Y, por último, el traslado definitivo de la *mente* a la escena» (subrayado nuestro). Es decir, una transformación poética del hecho real. Una comparación del soez crimen de Níjar con la bella tragedia de Lorca da la prueba del proceso. Comparemos, como ejemplo definitivo de la diferencia, el móvil del asesino con el sino inexorable del Novio y de Leonardo en el tercer acto de *Bodas de sangre*:

> Almería 27, 1 tarde. —Se ha aclarado el misterio que rodeaba el crimen cometido en las inmediaciones de la cortijada de Níjar. (...)
> (El hermano del novio burlado) acabó por confesar su delito. Declaró que bebió con exceso en el cortijo y que se encontró en el camino a los fugados. Entonces, sintió tal ofuscación y vergüenza por la ofensa que se le infería a su hermano, que se abalanzó sobre (el fugado), al que arrebató un revólver del que se había hecho uso, disparándole tres tiros que le produjeron la muerte[10].

Exceso de bebida, ofuscación, vergüenza, tiros, ¿qué tienen que ver con el hermosísimo sacrificio doble de cuchillos al final de *Bodas de sangre*? Como todo gran artista, Lorca siempre eleva la realidad —aunque jamás se inspira en un

---

Véase, por ejemplo, lo que Francisco García Lorca cuenta sobre la inspiración olvidada del famoso romance de su hermano, «La casada infiel», en *Three Tragedies of Federico García Lorca*, Nueva York, New Directions, 1955, pág. 17.

[9] Francisco García Lorca, *Federico y su mundo*, pág. 320.

[10] *ABC*, 28 de julio de 1928. También en Hernández, pág. 177.

principio fuera de ella— a esferas poéticas y míticas no perceptibles en esa realidad a primera vista.

Su hermano Francisco ha descrito muy bien el proceso creador, proceso que está, por supuesto, muy de acuerdo con la descripción del propio poeta:

> Pero la gestación de *Bodas*, desde la escueta noticia periodística hasta su acabada recreación literaria fue larga. Federico no trabajaba sobre un esquema planeado de manera precisa. Solía contar la posible obra a mí o a los amigos. El proyecto se le olvidaba luego, al menos aparentemente, para reaparecer tiempo después en otra forma. Este proceso de maduración era espontáneo, no sometido a una reflexión metódica. Después, la obra se escribía en un lapso de tiempo sorprendentemente breve, como poseído el poeta por una fiebre de creación[11].

¿La escribiría Lorca, como había aseverado, en quince días? Jorge Guillén creía que «la tragedia pasó a las cuartillas en una semana» y Marcelle Auclair afirma lo mismo: «En una semana *Bodas de sangre* estará terminada»[12]. Escribiérase en el tiempo que se escribiera, parece cierto que Lorca redactó la obra a finales del verano de 1932 en la casa familiar de la Huerta de San Vicente en las afueras de Granada. Presenció Francisco García Lorca «el acto mismo de ser escrita en nuestra Huerta de San Vicente»[13]. La hermana del poeta, Isabel, recuerda que en esa época Lorca ponía constantemente discos del *cantaor* Tomás Pavón y de Bach, en los que parece haberse inspirado[14]. Más tarde en Montevideo Lorca afirmaría que «*Bodas de sangre*... está sacada de la muerte rondando, todo eso está en la Cantata de Bach que yo tenía»[15].

---

[11] Francisco García Lorca, *Federico y su mundo*, págs. 334-335.

[12] Jorge Guillén, *Federico en persona*, Buenos Aires, Emecé, 1959, pág. 53 y Auclair, pág. 268.

[13] Francisco García Lorca, *Federico y su mundo*, pág. 334.

[14] Hernández, pág. 21.

[15] Andrew A. Anderson, «García Lorca en Montevideo: Un testimonio desconocido y más evidencia sobre la evolución de *Poeta en Nueva York*», *Bulletin Hispanique*, LXXXIII (1981) pág. 156. Sobre la influencia de Bach en Lorca, véase el interesante artículo de Christopher Maurer «Bach and *Bodas de sangre*» en *Lorca, Fifty Years After: Essays on Lorca's Life and Poetry*, Washington, D. C., George Mason University Press, en prensa. Maurer arguye convincentemente que la cantata es la 140. Arturo Berenguer Carisomo tam-

El 17 de septiembre de 1932 Lorca leyó su nueva obra a un grupo de amigos en la casa madrileña de Carlos Morla Lynch. Hubo demoras en aquella velada puesto que Lorca no encontraba su manuscrito. Luego lo encontró y la lectura comenzó a la una y media de la madrugada del 18. El título le gustó poco a Morla y el argumento le pareció corriente. Sin embargo, la lectura fue un éxito: «Federico termina la lectura en medio de uno de esos silencios que tienen más elocuencia que todas las ovaciones». A Morla el impacto de los últimos versos sobre el cuchillo le «queda resonando la noche entera como esa gota de agua insistente y perforadora del más hermoso y emotivo de los preludios chopinianos»[16].

Marcelle Auclair ha informado sobre otras lecturas de *Bodas de sangre:*

> A comienzos de septiembre, ya en Madrid, Federico encontró a Ontañón en la calle. «Llego de Granada y traigo un dramón. Hoy lo leo en casa de Martínez Nadal. ¡Ven!»
> Era *Bodas de sangre.*
>
> ...
>
> Una vez, llamó en plena noche a la actriz Pepita Díaz Artigas.
> —¡Quisiera leerte mi drama!
> —Encantada. Ven cuando quieras.
> —Entonces voy en seguida con Ignacio y Encarna (Sánchez Mejías y la Argentinita).
> Pepita se levantó, y aquella madrugada conoció Bodas de sangre. Aceptó inmediatamente el papel de Novia.
> Federico no se cansaba de leer sus obras de teatro, y nadie se cansaba de escucharlo.
> Yo he oído dos veces *Bodas de sangre.* La primera en casa de Jorge Guillén. Se puede haber visto esta obra admirablemente representada, pero jamás tendrá la intensidad que le comunicaba su autor.
>
> ...
>
> Lorca no leía como un actor, ni con esa complacencia que tienen a veces los poetas con el ritmo de las palabras. Se adhería a la reali-

---

bién afirma que Lorca dijo que *Bodas de sangre* estaba inspirada en Bach. En *Las máscaras de Federico García Lorca*, Buenos Aires, Editorial Universitaria de Buenos Aires, 1969, página 123.

[16] Carlos Morla Lynch, *En España con Federico García Lorca*, Madrid, Aguilar, 1958, págs. 285-287.

dad de sus criaturas y si su intensa maestría hacía temblar, era al
modo del cante jondo que hiela la sangre.

Aquella lectura dejó a Federico destrozado, pero también nosotros lo estábamos...

...

La segunda vez le oír leer su obra en el Cigarral de los Dolores,
propiedad toledana del doctor Marañón. El médico famoso enjuga-
ba sus lágrimas[17].

En la segunda lectura también estuvo Morla Lynch, cuyo
recuerdo es de «un recitado escalofriante que inflama y de-
rriba a un tiempo... La emoción que a todos nos embarga se
transforma en algo así como una apoteosis íntima en los
momentos en que declama Federico... Marañón no resiste
más y enjuga las lágrimas que asoman a sus ojos[18].

Unos seis meses después de la lectura en la casa de Morla
Lynch la compañía de Josefina Díaz de Artigas estrenaría
Bodas de sangre en el teatro Beatriz. El amigo y compañero
de «La Barraca», Santiago Ontañón, se encargaba de los trajes y de la decoración con Manuel Fontanals. Josefina Díaz
desempeñaba el papel de la Novia y Manuel Collado el del
Novio. Josefina Tapias representaba la Madre. Dirigían
Eduardo Marquina y el mismo Lorca. Así recuerda Francisco García Lorca los ensayos:

> Yo asistí a los ensayos que Federico dirigía, y en los que ya mos-
> traba su capacidad como director de escena. Había de luchar con
> actores no habituados a un tipo de actuación que comportaba una
> total rectificación del teatro al uso, enfrentados a una obra en la que
> el movimiento escénico y el lenguaje tienen un fondo musical, acen-
> tuado muchas veces por el verso. Así, el actor que encarnaba al No-
> vio ofrecía un obstáculo casi invencible. Se trataba de un excelente
> actor, pero había hecho su reputación en la comedia ligera y apenas
> podía vencer en los ensayos la imagen cómica que el público y él
> mismo se habían formado de su talante interpretativo. Federico tuvo
> que resignarse, por otro lado, a que los leñadores del acto del bosque
> interpretados por modestos actores que nunca habían dicho, proba-
> blemente, un verso en escena, hicieran sus papeles a su propio modo.
> Es la única vez que vi a mi hermano impacientarse en la dirección.
> Luego, claro, los felicitó calurosamente después del estreno.

---

[17] Auclair, págs. 268, 272-273.
[18] Morla Lynch, pág. 328.

El cuadro de la despedida de la Novia, fragmentado en numerosas entradas de personajes desde diferentes y escalonadas alturas, con el juego alterno de voces femeninas y masculinas que expresan en versos de extremada riqueza rítmica, fue principalmente duro; pero en él culminó el éxito de la obra. En los ensayos Federico interrumpía innumerables veces el curso de la escena, diciendo: «¡Tiene que ser matemático!» Y lo logró. Había concebido este cuadro en el interior de la cueva con entradas y luces a diferentes niveles. Este tipo de vivienda se da en la provincia de Granada, donde el caso de trogloditismo no es necesariamente un indicio de pobreza, pues una determinada configuración geológica permite la construcción de cuevas excavadas en la tierra, bien iluminadas y con amplios espacios. Precisamente camino de Almería puede observarse el caso en Guadix y en algún pueblo vecino. Federico quedó impresionado por la rara belleza de esta acomodación de tierra y vida en un viaje que hicimos en compañía de Falla a Guadix, la ciudad natal de Pedro Antonio de Alarcón.

Muchos años después de los hechos que relato, ya en el exilio (en el que murió), Manuel Collado, director de la compañía y el aludido actor que encarnó al Novio, me decían con orgullo que nunca una obra se había ensayado en España tanto como *Bodas de sangre*. Creo que era verdad[19].

Marcelle Auclair, en parte basándose en conversaciones con Ontañón, describe los ensayos de esta forma:

Pepita Díaz Artigas acogió *Bodas de sangre* en el teatro Beatriz. Federico se ocupó personalmente de la distribución de los papeles. La Madre, según él, tenía que ser arrugada, marchita y noble en su simplicidad rústica. La actriz Josefina Tapias tuvo la inteligencia de no cambiar las entonaciones que daba el mismo Federico al leer el papel. Ontañón la vistió con una austeridad seria: chal negro apretado a los hombros, mantilla de blonda el día de la boda.

Ese día fausto y nefasto, la Novia llevará un traje de terciopelo negro, cruzado por una pesada cadena de oro.

...

Para vestir a las muchachas, Ontañón había buscado esos paños de lana ordinaria de un verde o azul pasados, que sólo se encuentran en las ferias de pueblo.

Detalle que es al mismo tiempo rasgo de carácter y hallazgo de dirección: Leonardo, jinete campesino, lleva siempre en la mano la vara de mimbre de lo que jamás se separan estos hombres tan dispuestos al latigazo como a la caricia, domadores de mujeres y caballos.

---

[19] Francisco García Lorca, *Federico y su mundo*, págs. 335-336.

Los decorados se inspiraban en el pueblo de Purullena, cerca de Guadix, a sesenta kilómetros al este de Granada. Las casas estaban excavadas en la roca de las colinas que se extienden hasta perderse de vista. Andalucía la Alta, de duros paisajes y gente dura, imposible de confundir con la de la costa.

Desnudez grandiosa de las bóvedas blancas de ese pueblecito. Exactamente lo que Federico deseaba.

Dirigió personalmente los ensayos y sus indicaciones fueron capitales para los actores.

Uno de sus cuidados fue dar naturalidad al paso de la prosa al poema, por un solo medio: evitar el tono declamatorio. La actriz que hacía el papel de la Luna, por ejemplo, tenía dos defectos, el ronrón poético, y el desprecio de la puntuación.

Federico refrenaba su lirismo:

—¡No me hagas lorquismo! ¡No me hagas lorquismo!

LA ACTRIZ: Pues esta noche tendrán
　　　　　mis mejillas roja sangre...
FEDERICO: ¡Coma!
LA ACTRIZ:... Yo
FEDERICO: ¡Coma! ¡Coma!
LA ACTRIZ:...y los juncos agrupados
　　　　　en los anchos pies del aire.
FEDERICO: ¡Punto!

En cuanto al conjunto, dice Josefina Díaz, orquestó la obra como una sinfonía. Para la escena de la boda:

¡Despierte la novia
la mañana de la boda!

asoció las voces, su timbre, su fuerza, como un músico asocia los sonidos. Fue un trabajo extraordinario. Gritaba:

—¡Tú no! ¡Tienes una voz demasiado aguda! ¡Prueba tú! Me hace falta una voz grave... Necesito una voz fresca...

Y todo con un ritmo cada vez más vivo, más arrebatado. Los actores no se cansaban de ensayar, llevados por su entusiasmo. Quería la perfección, y la obtuvo[20].

Por fin, después de tanto ensayar, llega la noche del estreno, el 8 de marzo de 1933, noche histórica que presenció el gran amigo de Lorca, Carlos Morla Lynch, cuyo diario nos proporciona una descripción magnífica del evento calificado por él como triunfo «decisivo, contundente, terminante»:

---

[20] Auclair, págs. 273-275.

La sala del Beatriz está repleta. Ambiente vibrante de «hora grande». Toda la «intelectualidad», en su gama completa, se encuentra representada, tanto en sus viejas fórmulas como en sus nuevos aspectos de vanguardia. Diviso a don Jacinto Benavente con su barbilla en punta, a los Álvarez Quintero —pareja juvenil siempre, aunque pasada de moda—, a Eduardo Marquina, a don Miguel de Unamuno, etc., y a la pléyade actual tan dinámica e impetuosa: Vicente Aleixandre, Luis Cernuda, Jorge Guillén, Moreno Villa, Pedro Salinas, Manolito Altolaguirre, etc. Se siente el vacío de Rafael Alberti, que se halla ausente de España. Un mundo de gente[21].

En el telón del primer acto, afirma Morla que el público está conquistado. Durante el segundo acto «la sala estalla en una delirante ovación» que obliga a Lorca a salir a la escena. «... pálido, trémulo, despeinado, entre sus intérpretes, inclinándose desconcertado, aturdido por ese diluvio de aplausos y aclamaciones...». Después de lo que Morla llama la «bellísima y terrible escena final», el telón cae lentamente «como un velo fatal, sobre el más definitivo de los finales». Morla describe su emoción en estos términos:

> Me siento agobiado, aturdido, como fuera de mí. Me pongo el abrigo al revés, me apodero de un sombrero que no es el mío, y luego, en vez de seguir con el gentío el rumbo hacia la salida, subo la escalera que conduce a las localidades superiores, por la que desciende una multitud que me arremolina.
> Entre bastidores —donde llego por fin— estrecho en mis brazos a Federico, que siento también transformado. Pero él está radiante y nuevamente tranquilo. Afectuoso y consciente, me pregunta «si estoy contento».
> Y es la prueba mayor que me da de su fraternal cariño, la mayor que podía darme esta noche, en ese momento; preguntarme con esa sencillez conmovedora «si estoy contento».
> —Ya lo creo que lo estoy, Federico[22].

Las reseñas de *Bodas de sangre* fueron muy favorables. El crítico de *Luz* diría: «*Bodas de sangre* obtuvo (un) éxito extraordinario». Y a continuación señalaría su fuerte parentes-

---

[21] Morla Lynch, págs. 329-330.
[22] *Ibíd.*, págs. 329-334.

co con el teatro clásico. No pertenecía al «drama español pueblerino». Venía de más lejos: «... conoció el sol de la Grecia de Eurípides, la Roma —cordobesa— senequista y el reino de Granada...»[23]. Pedro Massa expondría un juicio parecido: «Canto de poesía y muerte de amor hondo y culpable; realista, simbólico, transido de belleza, muy antiguo y muy moderno a un tiempo pues sin desdeñar las más finas y nuevas galas de nuestro verbo, entronca en muchos instantes con la tragedia griega, en un deliberado y firme propósito de nutrirse de aquellos manantiales eternos...»[24]. Gerardo Diego escribió más de un mes después una de las críticas más sabias, en la que discutió a fondo las cualidades musicales del teatro de Lorca. Señalaba además algo que nos parece tan importante como agudo: «El teatro no es, no debe ser... literatura. Debe ser la interjección espectacular de la Poesía con la Plástica y la Música». Gerardo Diego era, pues, el primer crítico que se dio cuenta de la genialidad integradora de Lorca: «La superioridad de Federico García Lorca sobre cuantos han intentado en la España contemporánea el teatro poético estriba en esa su cualidad de artista integral: poeta, plástico y músico»[25].

Sin lugar a dudas, la crítica más favorable, y para nosotros la más válida, era la magnífica reseña de Fernandez Almagro en *El Sol:*

> Más estrecha relación liga a *Bodas de sangre* con *Romancero gitano* que con *La zapatera prodigiosa*, y no digamos con *Mariana Pineda*, aún siendo estas últimas teatro, y no sólo poesía. Pero el *Romancero gitano* entrañaba elementos dramáticos que ahora se desarrollan ple-

[23] Antonio Espina, *Luz*, Madrid, 9 de marzo de 1933. Reproducido en Ildefonso Manuel Gil (ed.), *Federico García Lorca: El escritor y la crítica*, Madrid, Taurus, 1973, págs. 469-473.

[24] Pedro Massa, «El poeta García Lorca y su tragedia *Bodas de sangre*», *Crónica*, Madrid, 9 de marzo de 1933. Cfr. con lo que opinó el crítico de *ABC*: «Algún personaje principal parece arrancado de páginas de Sófocles, movido por la fatalidad, ensimismado en el terror o la desesperación». «A. C.», «*Beatriz: Bodas de sangre*», *ABC*, Madrid, 9 de marzo de 1933.

[25] Gerardo Diego, «El teatro musical de Federico García Lorca», *El Imparcial*, Madrid, 16 de abril de 1933.

namente hasta plasmar en formas corpóreas que sólo la escena admite o revela.

...

Hay en *Bodas de sangre,* más que caracteres individuales, estados generales de conciencia humana. Hay masas que son a la vez coros; no siempre visibles, porque con furias, doncellas y niños alternan los muertos.

...

Alma de pueblo primitivo. El alma misma del *Romancero gitano,* que no alude a los andaluces del Este o del Oeste, de la serranía o del litoral, sino a los andaluces en su proyección histórica y psicológica más profunda. A los que fueron y siguen siendo: árabes, romanos, griegos, hijos de sabe Dios qué mitos clásicos: el Sol o la Luna.

Un fuerte aliento de Iberia milenaria se advierte en el cuadro de las bodas y en el del bosque. ¡Qué extrañas e imprevistas corrientes afloran aquí. Las descubrimos a la luz de la Luna. Esa Luna que es en García Lorca tal vez la cifra o el emblema más expresivo de su mundo... Y bien se ve que no es Luna semejante a la luna literaria de románticos y simbolistas —Musset, Laforgue—, sino la real y mítica —al mismo tiempo— de los celtíberos, que le ofrecían sus himnos, sus hogueras, sus danzas, sus canciones. Plenilunio de Turdetania[26].

Francisco García Lorca, que presenció el estreno también, opinaría años después que *Bodas de sangre* «constituyó el primer gran éxito de Federico como dramaturgo, éxito que confirmaba, de un lado, el potencial del autor como poeta dramático y, de otro, la posibilidad de que el gran público aceptara un teatro de noble intención artística, en el que inciden lo poético y lo fantástico»[27].

El juicio nos parece acertado, por lo menos para la noche del estreno. Pero, como reconoció el mismo poeta después en Buenos Aires, la obra, por magnífica que hubiese pareci-

---

[26] Melchor Fernández Almagro, «Estreno de *Bodas de sangre,* tragedia de F. García Lorca», *El Sol,* Madrid, 9 de marzo de 1933. Fernández Almagro, amigo granadino de Lorca, supo captar mejor que nadie el propósito mítico del poeta. Cfr. su estupenda reseña del *Romancero gitano,* «Federico García Lorca: *Romancero gitano»,* *Revista de Occidente,* núm. 21 (1928), págs. 373-378.

[27] Francisco García Lorca, *Federico y su mundo,* pág. 336.

do la noche del estreno, no «llegó» del todo a aquel «público» problemático del Madrid de aquella época:

> —La noche del estreno estaban presentes mis amigos, la intelectualidad, los críticos, y tuve un gran éxito. En las representaciones siguientes mi éxito con el verdadero «público» no fue tan ruidoso. Unos aplausos como diciendo: «Sí, está bien, muy bien.» Y a otra cosa[28].

En realidad *Bodas de sangre* no constituyó un gran éxito en Madrid, sobre todo si hacemos excepción de la noche del estreno, ni tampoco en Barcelona, donde se estrenó el 31 de mayo de 1933. Pero la consagración no tendría que esperar mucho.

La insigne actriz Lola Membrives puso *Bodas de sangre* en escena en el teatro Maipo de Buenos Aires el 29 de julio del mismo año. Tal éxito tuvo que volverían a montarla en el teatro Avenida de Buenos Aires en el otoño. Y esta vez vendría el joven autor de la obra a presenciar el triunfo. Así lo cuenta Alfredo de la Guardia:

> El carácter de la función llevó un auditorio exigente a la sala del Maipo, y bastó el cuadro primero, el diálogo entre la Madre y el Hijo, para que se tuviera plena conciencia de los méritos de la obra y, sobre todo, de cuánto significaba, como renovación y revalorización del teatro español, cuyo anquilosamiento se había comprobado bien durante la temporada. El aplauso fue entusiasta al finalizar la representación; el público salió comentando el éxito y Lola Membrives firmó inmediatamente contrato con la empresa del teatro Avenida para actuar en su escenario durante varios meses, primavera y parte del verano, realizando nuevos espectáculos con *Bodas de sangre*[29].

El éxito de *Bodas de sangre* fue fulminante tanto en sus veinte representaciones primeras en el teatro Maipo, como después en Montevideo, Rosario y Córdoba. La crítica fue unánime. Como escribía Edmundo Guiborg en *Crítica*, «Pocas veces los cronistas teatrales porteños han estado tan

---

[28] *Crítica*, Buenos Aires, 15 de noviembre de 1933, recogido por Hernández, pág. 213. Esta es la misma entrevista ya citada en la que decía, «si lo burgués está acabando con lo dramático del teatro español...».

[29] Alfredo de la Guardia, *García Lorca: persona y creación*, Buenos Aires, Editorial Schapire, 1961, pág. 84.

unánimes en exaltar los méritos de una novedad extranjera»[30].

Si las primeras representaciones son la consagración del joven dramaturgo granadino, la reposición en octubre en el teatro Avenida de Buenos Aires constituye ya la apoteosis. Lorca llega a Buenos Aires el 13 de octubre de 1933 y su estancia se prolonga hasta finales de marzo de 1934[31]. Da conferencias y recitaciones, recibe homenajes y banquetes, y *Bodas de sangre* alcanza unas 180 representaciones. Al final de marzo de 1934 viene el honor cumbre. Durante una sesión pública de homenaje que reúne a representantes de muchas de las repúblicas hispanoamericanas, Lorca es proclamado embajador de las letras españolas[32]. Palabras suyas dirigidas al público de Buenos Aires la noche de la primera representación en el teatro Avenida expresan bien su profundo agradecimiento al público americano:

> ...no soñaba esperar, por no merecer, esta paloma blanca temblorosa de confianza que la enorme ciudad me ha puesto en las manos; y más que el aplauso agradece el poeta la sonrisa de viejo amigo que me ofrece el aire humano de la Avenida de Mayo.
> En los comienzos de mi vida de autor dramático, yo considero como fuerte espaldarazo esta ayuda atenta de Buenos Aires... (1, 1198).

A pesar del éxito rioplatense, una reposición de *Bodas de sangre* el 28 de febrero en el teatro Coliseum de Madrid no consigue el éxito deseado. Aun con Lola Membrives en el papel de la Madre, los aplausos son «tibios, pero en cierta manera insistentes», y Lorca se presenta «en el escenario discretamente serio y un poco pálido», para después no querer «referirse a la función»[33]. Sólo dura un par de semanas.

---

[30] Edmundo Guiborg, *Crítica*, 1 de agosto de 1933. Recogido en Hernández, pág. 42.

[31] De la Guardia, pág. 93.

[32] Para la cronología de las lecturas, las recitaciones, los homenajes y las puestas en escena de *Bodas de sangre*, *La zapatera prodigiosa* y *Mariana Pineda* en América, véase Marie Laffranque, «Bases cronológicas para el estudio de Federico García Lorca», en Ildefonso Manuel Gil, *Federico García Lorca: El escritor y la crítica*, págs. 439-444.

[33] Moría Lynch, pág. 444.

Días antes (el 11 de febrero) montan *Bodas de sangre* bajo el título *Bitter Oleander (Adelfa amarga)* en Nueva York. El prestigioso grupo teatral, The Neighborhood Playhouse, la presenta en el teatro Lyceum en pleno Broadway. Irene Lewisohn, que dirigía la compañía, hizo un viaje a España para comprar «bajo la supervisión del poeta, enseres y objetos que pusieron un sello de autenticidad en la puesta en escena de la tragedia»[34]. La traducción incluso fue supervisada por el propio poeta: *«Bodas de sangre* ha sido traducida por Wilson, traductor de Góngora, que se encarga del verso, y por Weissberger. La versión será fidelísima, pues yo he reemplazado por otros los vocablos o los giros intraducibles. La Irene Lewisohn conoce España a fondo y la pondrá maravillosamente. Se ha gastado un dineral en trajes»[35]. Cuenta Morla Lynch una escena divertida de cómo fue el proceso de traducción. José Weissberger, «un excelente amigo de todos, israelita, extraordinariamente culto y muy artista», se encuentra una noche de junio de 1933 en casa de Morla. Se encierra «con Federico y Rafael Martínez Nadal en mi dormitorio, y como son las tres de la mañana, los instalamos en el comedor». Después de una ruidosa sesión de trabajo que no termina hasta las siete de la mañana, afirma Morla que «no es para ser descrita la inmundicia de colillas de cigarrillos y de manchas de café con tinta que han dejado sobre la mesa»[36].

A pesar de los esfuerzos del propio poeta —que incluyen ciertos cambios y cortes hechos adrede para el público norteamericano y la selección cuidada de gran parte de la música por el propio poeta[37]—, la versión neoyorquina tuvo poco éxito.

[34] Hernández, pág. 59.

[35] Citado en Christopher Maurer, «Dos entrevistas olvidadas con Federico García Lorca», Buenos Aires, 1933, págs. 66-68. Originalmente Pablo Suero, «Hablando de la Barraca con el poeta García Lorca», *Noticias Gráficas,* Buenos Aires, 15 de noviembre de 1933. El nombre de Edward M. Wilson no «figura en el reparto que reproducen las reseñas del estreno neoyorkino», Hernández, pág. 57.

[36] Morla Lynch, págs. 363-364.

[37] Véase el artículo citado de Christopher Maurer, «Bach and *Bodas de sangre»,* Maurer está preparando un estudio completo de la versión de Nueva York.

En una entrevista con J. Palau-Fabré en *La Humanitat,* Lorca resumió bien el problema:

> —En Nueva York, a raíz de la presentación de *Bodas de sangre* también le trataron mal, según tengo entendido.
> —No se puede decir que en Nueva York el fracaso del público fuera completo, completo. Las críticas dijeron tonterías; por ejemplo: que no se concebía que la gente rural hablara de aquella manera y otras cosas por el estilo. El crítico de *The Times* era el único que hablaba con soltura, ya que empezaba confesando que no había entendido nada en absoluto, y después añadió que una obra como aquella nunca podría gustar a un americano, ni penetrar en su civilización[38].

Algunas de las críticas neoyorquinas fueron duras de verdad, quejándose del «lenguaje florido y artificioso de los campesinos que parecían exhibir un dominio de catálogos de horticultura», de lo lírico del lenguaje, de lo insólito de las costumbres, de «costumbres primitivas y distantes» y otras cosas por el estilo[39]. Mildred Adams, amiga neoyorquina de Lorca, señala sobre todo problemas con la traducción de Weissberger. Aunque cree que la traducción fue bella y poética, y hasta encantadora para quienes entendiesen tanto el español como el inglés, afirma, sin embargo, que no se había vertido en un inglés idiomático. Según ella, había frases ineptas que causaron la risa. Además, opina que la escenografía fue muy formal, casi hecha «ballet»[40]. Sea como haya sido la traducción, *Bitter Oleander* gustó menos todavía al público neoyorquino que *Bodas de sangre* al público madrileño y distó mucho del «exitazo» de Buenos Aires.

Mas el éxito español habría de venir. Para el 22 de noviembre de 1935, la compañía de la gran actriz Margarita Xirgu anunció la puesta en escena de *Bodas de sangre* en el Principal Palace de Barcelona. Ella había tenido noticias

[38] Citado en Antonina Rodrigo, *García Lorca en Cataluña,* pág. 328.

[39] Véase Hernández, págs. 59-60, para un resumen de estas críticas.

[40] Mildred Adams, *García Lorca: Playwright and Poet,* Nueva York, George Braziller, 1977, págs. 171-172. Sobre el problema de la traducción, véase también Edith J. R. Isaacs, «Bitter Oleander», *Theater Arts Monthly,* Nueva York, vol. XIX (1935), págs. 248 y 253.

del argumento de la obra tiempo atrás, desde que el poeta le leyó un recorte de periódico en el año 1928, y le anunció: «Ya tengo asunto para una obra»[41]. Pero no se pusieron de acuerdo para el estreno en 1933 el dramaturgo y la actriz. Ahora, después de los grandes triunfos de ella en el papel de *Yerma* en Madrid y en Barcelona, la Xirgu, por fin, representaba la Madre de *Bodas de sangre*. Según Antonina Rodrigo, «Margarita hacía el papel de madre. Esta fue una de las grandes heroínas que enriquecían su repertorio y una de sus más sublimes interpretaciones. La Xirgu daba a la figura ese aire hierático, amargo, cargado de reminiscencias trágicas que conforman la pena inmensa de esta madre mortificada... Algunos espectadores nos han contado el estremecimiento que se apoderaba del público cuando, vencida por la fatalidad y el dolor, con voz quebrada, la Madre liberaba el grito contenido» al final de la obra. «Federico dijo de la Xirgu: —...está mejor que nunca. No hubiera podido soñar con una intérprete más feliz que ella»[42].

El triunfo fue completo. Dirigía Rivas Cherif con la colaboración de Lorca. El joven pintor José Caballero hizo los decorados. El propio poeta había escogido la música para la obra y, según Antonina Rodrigo, la nana y las entradas de boda «eran originales de Federico, el cual acompañaba al piano la Nana, y los coros, concertados por José Jordá, daban a *Bodas de sangre* su dimensión trágica»[43]. Ya estamos otra vez donde comenzamos nuestro estudio. Recordemos las palabras de Lorca que citamos al principio:

> —Se trata de un verdadero estreno. Ahora verán la obra por primera vez. Ahora se presentará íntegra. Imaginaos que ya han colocado en los carteles el nombre real con que había bautizado la obra: «Tragedia». Las compañías bautizan las obras como dramas. No se atreven a poner «tragedias». Yo, afortunadamente, he topado con una actriz inteligente como Margarita Xirgu, que bautiza las obras con el nombre que deben bautizarse.

---

41 Antonina Rodrigo, *García Lorca en Cataluña,* pág. 363.
42 *Ibíd.,* págs. 366-368.
43 *Ibíd.,* pág. 368.

44

Margarita Xirgu, entre Lorca y Cipriano Rivas Cherif

Barcelona

La crítica estuvo de acuerdo. María Luz Morales anunció desde las páginas de *La Vanguardia*: «No es estreno *Bodas de sangre* en Barcelona. Mas la calidad de esta representación que a la obra ha dado la colaboración de García Lorca y Rivas Cherif, con la de la interpretación que de *la madre* hace Margarita Xirgu, honores de estreno se merece»[44]. Y el crítico de *La Publicitat* proclamó:

> García Lorca, más que un autor de teatro nato nos parece siempre un poeta que hace teatro, y que tiene, naturalmente, otros instrumentos de expresión que el de la escena. Lo subrayamos para señalar su fidelidad a sí mismo, su fidelidad a los temas que le ofrece la tierra. El ha dicho que *Bodas de sangre* es una tragedia andaluza. Es, seguramente, la tragedia andaluza.
>
> ...
>
> Por su sinceridad, por su emoción, por su inspiración poética, por su afán de buscar la entraña y las verdades esenciales de las cosas, por huir de los falsos oropeles y de la banalidad, García Lorca representa hoy, en nuestro teatro, el intérprete más autorizado del alma andaluza[45].

Por fin triunfa *Bodas de sangre* en España, y triunfa precisamente como la describió su autor, como *tragedia*. Es más, triunfa, como apuntó agudamente el crítico de *La Publicitat*, como tragedia andaluza, es decir, no como una imitación de mitos ajenos, sino como tragedia de verdad.

¿Cuál es, pues, el balance crítico de *Bodas de sangre*? Éxito crítico pero no popular en el estreno de Madrid y Barcelona; gran triunfo de Lola Membrives en Buenos Aires, triunfo que no se repite cuando ella presenta la misma producción en Madrid; casi el fracaso en Nueva York; y otro gran triunfo con Margarita Xirgu en Barcelona. ¿De qué depende el éxito? ¿En qué estriba? Una contestación no es fácil por todas las razones que ya examinamos en la primera parte de nuestro estudio. Sin embargo, a nuestro juicio, hay dos factores que merecen señalarse aquí: el acercamiento a la esen-

---

[44] María Luz Morales, *La Vanguardia*, Barcelona, 24 de noviembre de 1935. Recogido en Antonina Rodrigo, *García Lorca en Cataluña*, pág. 368.

[45] Domenec Guansè, *La Publicitat*, 24 de noviembre de 1935. Recogido en Antonina Rodrigo, *García Lorca en Cataluña*, pág. 368.

cia trágica por parte de la compañía teatral que presenta la obra y la receptividad por parte del público que presencie cada puesta en escena.

Estos factores nos ayudan a entender por un lado la dificultad de la producción neoyorquina: *no se concebía que la gente rural hablara de aquella manera.* ¿Habrá habido un público más desarraigado o menos «rural» para no decir menos «telúrico», que el de Nueva York? *El crítico de «The Thimes»... añadió que una obra como aquella nunca podría gustar a un* (norte)*americano, ni penetrar en su civilización.* Conviene tener en cuenta lo que Lorca aseveró después de su viaje a Nueva York en 1929 y 1930:

> Nueva York es terrible. Algo monstruoso. A mí me gusta andar por las calles, perdido; pero reconozco que Nueva York es la gran mentira del mundo... Los ingleses han llevado allí una civilización *sin raíces.* Han levantado casas y casas: pero no han ahondado en la *tierra...* (II, 1080, subrayado nuestro).

¿Cómo iban a entender, aun sin que hubiese habido problemas de traducción, lo que Lorca pretendía escenificar en *aquel* mundo natural y telúrico de *Bodas de sangre?* Nueva York, por moderna y materialista, o como diría Steiner, por ser triunfo de materialismo y de la metafísica secular, es justamente la antítesis de *aquella* Andalucía enduendada y milenaria que siempre sirvió de inspiración a Lorca. Como certeramente lo expresó la amiga neoyorquina de Lorca, Mildred Adams, «el público (de Nueva York) no estaba preparado para aceptar la obra en traducción inglesa»[46]. Y como

---

[46] Adams, pág. 172. Cfr. con lo que Arturo Barea cita de Rafael Martínez Nadal respecto del fracaso de Nueva York: «Lo queramos o no, España es, desde muchos puntos de vista, un mundo aparte, y cualquier intento de transferir, en la españolísima poesía de Lorca, los valores españoles de hombres y cosas, tropieza con una barrera casi insuperable». Barea cita y traduce del «prólogo a la selección de *Poemas de Lorca* que tradujeran Stephen Spender y J. L. Gili (The Dolphin, Londres, 1939)», en Arturo Barea, *Lorca: El poeta y su pueblo,* Buenos Aires, Losada, 1956, págs. 32 y 46. Barea también se refiere al fracaso de *Bodas de sangre* en París en 1938, «fracaso inevitable —dice— porque los espectadores extranjeros únicamente podían entenderlo a través de un proceso mental laborioso, no a través de las rapidísimas y agudas asociaciones y sensaciones que producía en un públi-

afirmó el importante crítico teatral Stark Young en la crítica más pensada y favorable de la producción de Nueva York, «Racialmente la obra está desesperadamente lejos de nosotros»[47].

Por otro lado, la grandeza trágica de la segunda producción barcelonesa explica en parte su triunfo. Por eso precisa Lorca que *se trata de un verdadero estreno. Ahora verán la obra por primera vez. Ahora se representará íntegra.* No íntegra de texto —entiéndase—, sino íntegra de espíritu, de aquel espíritu o duende que *había saltado de los misteriosos griegos a la cultura de sangre* de la Andalucía de *Bodas de sangre.* Ya sabemos que en aquella época Lorca pensaba intencionadamente en el ejemplo de la antigua Grecia. Un comentario suyo después del magnífico estreno de *Yerma* en Barcelona —el 17 de septiembre de 1935, es decir, dos meses escasos antes de la reposición de *Bodas de sangre*— resume sucintamente su actitud en cuanto a estas tragedias *de la tierra española:*

> Salvador Vilaregut, destacado hombre del teatro catalán, le dice al poeta granadino:
> —Tu obra me recuerda a Eurípides.
> —Me gusta que te recuerde a Eurípides —le responde García Lorca[48].

UNA INTERPRETACIÓN
DE *BODAS DE SANGRE*

Hace ya varios lustros nos dijo en conversación Luis Rosales —amigo íntimo de Lorca y profundo conocedor de su obra— que

---

co español. Mejor dicho, en un público de habla española, porque en América Latina fue un éxito tan resonante y duradero como en la misma España» (pág. 46).

[47] Stark Young, «Spanish Plays», *The New Republic,* Washington, D. C., 11 de febrero de 1935. Reproducido en Stark Young, *Immortal Shadows,* Nueva York, Hill and Wang, Inc., 1959, pág. 157.

[48] Antonina Rodrigo, *García Lorca en Cataluña,* pág. 323.

...todo lo bueno de Lorca es pre-lógico, pre-intelectual y telúrico. Su entronque con el teatro griego es muy a propósito y muy pensado. En Lorca la materia, los temas, son muy básicos, primitivos y sentidos, o sea, pre-intelectuales. Luego la elaboración artística es muy trabajada. El mundo de Lorca es griego en el sentido de que el hombre no puede controlar su sino: es una primitiva y miedosa negación de la libertad[49].

Bodas de sangre es, sin duda, uno de los ejemplos más importantes de esta aseveración de Rosales. Lo traemos a colación, no sólo por reiterarlo, sino porque queremos hacer constar que Rosales, sin haberse referido a Steiner, vio en la obra de Lorca una visión de la vida humana que coincide con la visión —tan elocuentemente expresada por Steiner— de la antigua tragedia. Es importante la coincidencia, porque Rosales opina que, en efecto, Lorca realiza en el teatro moderno lo que Steiner —sin haber considerado la obra de Lorca— cree imposible. Una vez que entendemos que la visión steineriana de lo que constituyó la verdadera tragedia y, a nuestro parecer, una de las más claras visiones de las obras de Lorca coinciden, podemos proceder a nuestra interpretación de *Bodas de sangre*.

Para ello tenemos que considerar brevemente el origen de la tragedia. Aunque no hay un acuerdo total entre los estudiosos del género, una de las teorías más aceptadas y más desarrolladas supone que la catarsis —esto es, la purificación de las emociones de los espectadores— de la tragedia clásica corresponde a una catarsis de tipo anterior, a un rito, en que se celebraba la purificación de la comunidad a través del sacrificio del dios-toro dionisiaco cuya muerte unía al espectador-participante de la representación mística con el principio de una vida continua[50]. Que este tipo de sacrificio se practi-

---

[49] *Oral*; Madrid, 29 de mayo de 1969.
[50] Esta teoría tuvo sus comienzos en *La rama dorada* de James Frazer y siguió con los estudios de la llamada escuela de Cambridge. Para un resumen sucinto, véase Joseph Campbell —que a su vez cita a Gilbert Murray— *The Hero with a Thousand Faces*, Nueva York, Meridian Books, 1956, pág. 26. Para una explicación más amplia, cfr. Benjamin Hunninhger, *The Origin of the Theater*, Nueva York, Hill and Wang, 1961, págs. 1-41; y Robert Bagg, pág. 2, donde explica cómo los sacramentos dionisiacos de *sparagmos y omophagia*, esto es el despedazamiento de la víctima sacrificial y la comida ritual de

caba es un hecho comprobado en muchos mitos antiguos y en representaciones plásticas como el famoso sarcófago de Hagia Triada en Creta, que representa claramente el sacrificio de un toro sobre un altar. Las figuras enmascaradas —y muchas veces disfrazadas con cueros y cuernos de toros o chivos—, que con el tiempo llegarían a ser los actores del teatro griego, evolucionaron bajo la égida del dios-toro Dionisos, y es probable que estas prácticas taurinas reflejasen un ritual anterior con una víctima propiciatoria humana, como han venido a demostrarlo recientes excavaciones en Creta[51].

Ahora bien, ¿dónde en el mundo moderno existen prácticas análogas a la famosa tauromaquia cretense que daría lugar, andando el tiempo, al ditirambo dionisiaco que a su vez dio origen a la tragedia griega?[52]. Ya lo dijo en su esplén-

---

su carne, proporcionan a los practicantes del rito atributos extáticos y poderosos que pertenecían al mismo Dionisos.

[51] Paul Anastasi, «Crete Excavations Reveal Drama Played in Face of an Earthquake», *New York Times*, 4 de noviembre de 1979.

[52] Es el mismo Aristóteles quien dijo que la tragedia originó en el ditirambo, esto es, danza y canción en honor de Dionisos hechas en estado de embriaguez, por el coro —*choreutai*— de sátiros, vestidos con pieles de animales. Cfr. Benjamin Hunningher, *op. cit.*, págs. 1-4 y 34-37; y Eurípides, *The Bakkai*, intr. y trad. de Robert Bagg, Amherst, University of Massachusetts Press, 1978, págs. 1-16.

Sobre el origen cretense de ciertos ritos de Dionisos, véase James Frazer, *La rama dorada*, secciones 273 y ss. La mejor versión de todas es la de Theodor H. Gaster, ed.: James Frazer, *The New Golden Bough*, Nueva York, New American Library, 1959, págs. 416-470. Aunque Dionisos no era ciertamente cretense del todo, las prácticas taurinas de sus ritos, sobre todo el sacrificio, y el despedazamiento del toro para ser comido por los fieles —práctica reflejada en la obra más enigmática de todo el teatro griego, *Las bacantes* de Eurípides y también en fragmento de su obra perdida, *Los cretenses*— sí eran minoicas. Cfr. para fuentes y una discusión la edición de Gaster, págs. 419-422 y pág. 469. El lector que tenga dificultad en asociar estos ritos taurinos con el advenimiento de la tragedia debe recordar una frase importante de Frazer: «La costumbre de matar a un dios en su forma animal... pertenece a una etapa muy temprana de la cultura humana, y se presta en tiempos posteriores al malentendimiento» (pág. 422, traducción nuestra).

Por otra parte la tradición satírica —esto es, la tradición de las danzas de sátiros, o sea, hombres vestidos como hombres-toros y otros animales, proviene de Creta como afirman representaciones plásticas. Cfr. Gertrude Rachael Levy, *The Gate of Horn*, Londres, Faber and Faber, 1948. Contiene mucha materia ilustrativa de la época minoica.

dido ensayo «Idea del teatro» Ortega y Gasset. Hablando de la importancia religiosa y visionaria del culto orgiástico de Dionisos, esto es, de la *fiesta* de Dionisos que dio origen al teatro, afirmó que «los españoles aún conservamos, si bien en estado de agonía, el único residuo de fiesta auténtica: la corrida de toros, también en cierto sentido... de origen dionisiaco, báquico, orgiástico»[53]. El erudito estudioso norteamericano de la corrida, John McCormick, ha ido más lejos todavía para comparar directamente el efecto del toreo y de la tragedia: «No queremos sugerir que porque el rito del ditirambo creció de una asociación primitiva entre toros y fertilidad, y porque el ditirambo se convirtió en tragedia, que el arte moderno del toreo sea, por lo tanto, directamente igualable a la tragedia griega. Más bien lo que tratamos de establecer es cierta coincidencia de efecto entre la tragedia y el toreo, coincidencia que se explica en los orígenes rituales de las dos artes distintas»[54].

En efecto, el toreo es una ceremonia menos desarrollada que la tragedia puesto que nunca evolucionó más allá de la etapa del sacrificio. La tragedia, como medio expresivo de Eurípides, se hace eco del sacrificio, pero llegó a ser una acción simbólica, es decir, teatral. En cambio, el toreo es espectáculo y es al mismo tiempo realidad. Lo explicó graciosamente Ortega en el mismo ensayo «Idea del teatro», al contar cómo el matador Curro Cúchares, allá por el año 1850, al escuchar desde el otro lado de la barrera insultos del actor Isidoro Máiquez sobre la dificultad que experimentaba el matador en matar un toro difícil, gritó al actor: «—*¡Zeñó Miquez o Zeñó* Máiquez, que aquí no *ze* muere de *mentirijilla* como en *er* teatro!»[55].

El arte «moderno» del toreo es, pues, anterior, en cuanto a sus estructuras, a la tragedia, y los estratos de la sociedad española —con su eje en la sociedad andaluza— que crearon el toreo, no constituyeron una sociedad tan agudamen-

---

[53] José Ortega y Gasset, «Idea del teatro», *Obras Completas,* tomo VII, página 487.

[54] John McCormick, *The Complete Aficionado,* Cleveland, Ohio World, 1967, pág. 24.

[55] Ortega, tomo VII, pág. 465.

te consciente como la Atenas socrática. El pueblo, ese pueblo pre-lógico y sabio que tanto fascinó a Lorca, elaboró la fiesta taurina satisfaciendo así sus deseos inconscientes o irracionales o dionisiacos, y convirtió el sacrificio del toro propiciatorio en un arte que está insólitamente más cerca al origen primario del arte que cualquier otro que tengamos[56]. La creación del toreo, o la recreación si se quiere, es, por lo tanto, la prueba más patente de la existencia de una sensibilidad en el pueblo capaz de entender y sentir la tragedia en su nivel más básico y visceral.

No nos debe sorprender que Lorca supiera todo esto a la perfección. Era el conocedor y portavoz más intuitivo y más profundo de todo aquel fenómeno primario de su pueblo que comprendía no sólo el toreo, sino también las romerías, los espectáculos religiosos y el flamenco, todos los cuales formaban un conjunto arcaizante e integral todavía muy vivo en su época. Consideremos ciertas frases claves que expresó al respecto. Hablando del toreo, dijo en su ensayo sobre el duende:

> Parece como si todo el *duende* del *mundo clásico* se agolpara en esta fiesta perfecta, exponente de la cultura y de la gran sensibilidad de un pueblo que descubre en el hombre sus mejores iras, sus mejores bilis y su mejor llanto. Ni en el baile español ni en los toros se divierte nadie; el duende se encarga de hacer sufrir por medio del *drama*, sobre *formas vivas*, y prepara las escaleras para una evasión de la realidad que circunda (I, 1107, subrayado nuestro).

En Nueva York, en una presentación pública de su amigo Ignacio Sánchez Mejías, dijo de modo análogo:

> ...La única cosa seria que queda en el mundo es el toreo, único *espectáculo vivo* del mundo antiguo en donde se encuentran todas las *esencias clásicas* de los pueblos más artistas del mundo[57].

---

[56] Para un estudio más extendido de todo este proceso, cfr. el capítulo sexto, «Matador», de Allen Josephs, *White Wall of Spain*, págs. 133-160. Parafraseamos en parte de ese capítulo.

[57] En Daniel Eisenberg, «Un texto lorquiano descubierto en Nueva York (La presentación de Sánchez Mejías)», *Bulletin Hispanique*, 80 (1978), págs. 134-137. Subrayado nuestro. Sobre éxtasis, cfr. Ortega, tomo VII, pág. 490.

Para Lorca la corrida no sólo pertenece al mundo antiguo, sino que tiene además una dimensión claramente religiosa:

> ... los innumerables ritos del viernes Santo, que con la cultísima fiesta de los toros forman el triunfo popular de la muerte española (I, 1105).

Luego propone una comparación aún más directa al hablar de

> La *liturgia* de los toros, auténtico *drama religioso* donde, de la misma manera que en la *misa, se adora y se sacrifica a un Dios* (I, 107, subrayado nuestro).

Si recordamos que también dijo en Buenos Aires que «El santo sacrificio de la misa es la representación *teatral* más perfecta que se puede ver todavía», para decir acto seguido que «el teatro tiene que volver por sus *antiguos fueros* con el respeto y la *devoción* que merecen» (I, 1209-1210, subrayado nuestro), entenderemos hasta qué punto se asocian y se mezclan en la mente hierática de Lorca la tragedia, la misa y la corrida. Las asocia porque se dio cuenta de manera singular del origen común de los tres espectáculos en los sacrificios de las inmemoriales religiones de la lejanísima antigüedad y de la posibilidad teatral de la supervivencia de ese tipo de sacrificio en la Andalucía que él celebraba a lo largo de toda su obra. *Bodas de sangre* constituye, como veremos, la prueba perfecta de todo el fenómeno[58].

---

[58] Esta asociación parece que de cierta forma estuvo presente en la mente de Lorca desde su niñez. En una de sus primeras entrevistas contesta lo siguiente:

> —¿A qué te gustaba jugar de chico?
> —A eso que juegan los niños que van a salir «tontos puros», poetas. A decir misas, hacer altares, construir teatritos... (II, 935).

Sobre esta contestación ha escrito Rafael Martínez Nadal, *El público: Amor, teatro y caballos en la obra de Lorca*, Oxford, The Dolphin Book Co., 1969, páginas 237-238:

> «A decir misas, hacer altares...» El rico espectáculo del rito católico es, con las canciones populares, lo primero que despierta su sensibilidad de niño. «Cuando Federiquito todavía no podía hablar,

Existe ya un estudio que nos ayudará enormemente a entender la naturaleza de ese aspecto sacrificial. No se trata de un estudio literario *sensu strictu,* sino de un estudio de la religión antigua aplicada a la obra de Lorca. Lo publicó el historiador Ángel Álvarez de Miranda, en el tomo segundo de sus *Obras* bajo el título «Poesía y religión». Después fue publicado aparte bajo el título con el que se conoce mejor, *La metáfora y el mito*[59]. El estudio «no pretende teorizar genéricamente sobre las relaciones entre poesía y religión, sino analizar un caso concreto de coincidencia entre religión y poesía».

Para Álvarez de Miranda, verdadero pionero en los estudios lorquianos, Lorca constituye «un caso, insospechado y ejemplar, de la posibilidad de hallar sorprendentes correlaciones y coincidencias entre las instituciones esenciales de *toda* la obra poética de un poeta moderno y los contenidos fundamentales de todo un cierto tipo de religiosidad. El poeta moderno es el español García Lorca. La religiosidad es la que se conoce como peculiar de las religiones arcaicas de tipo naturalista»[60].

Las «religiones arcaicas de tipo naturalista» son precisamente las religiones mediterráneas y de Medio Oriente que

---

y empezó a hablar con gran retraso —me contaba un día su madre—, se ponía terriblemente excitado al ver pasar las procesiones». El entusiasmo por el espectáculo religioso-popular no le abandonaría jamás. Lo sabían bien todos los que asistieron con él a alguna festividad religiosa, o los que le acompañaron a ver los pasos de algunas procesiones de Semana Santa, tanto la fúnebre que recorre las calles de Toledo, como la moruna que resuena por hoces y plazas de Cuenca, o la «dionisíaca» de Sevilla.

...

Por todo lo que sabemos de su infancia, uno llega al convencimiento de que para el poeta-niño —en gran parte también el hombre— la realidad eran las procesiones, las misas, los teatrillos; lo demás sería tanto más real cuanto más al teatro se pareciera.

[59] Ángel Álvarez de Miranda, *La metáfora y el mito,* Madrid, Taurus, 1963. Antes bajo el título «Poesía y religión» en Ángel Álvarez de Miranda, *Obras,* Madrid, Cultura Hispánica, 1959, tomo II, págs. 41-111. Agradecemos a Luis Rosales el habernos informado, en la conversación antes citada, de la existencia de este estudio fundamental sobre la obra de Lorca que tanto nos ha servido.

[60] *Ibid.,* pág. 10.

precedían al Cristianismo. Es decir, que eran las religiones llamadas «mistéricas» que incluyeron desde las primeras religiones panteísticas dedicadas a la Gran Diosa Madre hasta las religiones helénicas y helenísticas del periodo de gran sincretismo del imperio romano, incluyendo, por supuesto, los cultos mistéricos griegos que dieron origen a la tragedia.

La tesis de Álvarez de Miranda —acertadísima a nuestro parecer— sostiene que la obra de Lorca «ha sido capaz de coincidir en todo lo esencial con los temas, motivos y mitos de antiguas religiones. Esa coincidencia se debe a que ambos fenómenos, el poético y el religioso, brotan de un mismo coherente sistema de intuiciones sobre la sacralidad de la vida orgánica»[61]. Pero, hay que recordar, Lorca no inventa nada. Interpreta algo que él podía palpar. Como decía en una entrevista: «Yo me sorprendo mucho cuando creen que esas cosas que hay en mis obras son atrevimientos míos, audacias de poeta. No. Son *detalles auténticos,* que a mucha gente le parecen raros...» (II, 1040). Recuérdese también lo que ya citamos respecto de *Bodas de sangre* y *Yerma:* «Reales son sus figuras; *rigurosamente auténtico* el tema de cada una de ellas» (II, 1047, subrayado nuestro).

Pone énfasis en la palabra *auténtico* porque rara vez ha de buscar temas y materias fuera de su propio ámbito andaluz. La coincidencia, por lo tanto, entre la religiosidad arcaica y la obra de Lorca se debe a que éste ha tenido la genialidad intuitiva y poética de interpretar algo que todavía se dejaba palpar en la vida campesina andaluza. Su intuición artística no estaba sujeta a normas modernas sino que respondía a imágenes, intuiciones y modos de saber que tenían claras correspondencias en las religiones antiguas. Por eso cita Álvarez de Miranda esta frase de Van der Leeuw: «Los poetas son ya los únicos buenos animistas en el seno de un mundo mecanizado»[62]. No hay, sencillamente, otra explicación para esa extraordina-

---

[61] Álvarez de Miranda, pág. 12. Para la historia y el análisis de estos cultos en España desde la más remota antigüedad hasta prácticas modernas como la romería del Rocío, cfr. el capítulo V, «Goddess», de Allen Josephs, *White Wall of Spain,* págs. 101-131.

[62] Álvarez de Miranda, pág. 65.

ria coincidencia entre «poesía y religión» —máxime en el caso de *Bodas de sangre*— que señala tan convincente y pormenorizadamente Álvarez de Miranda.

> Toda religiosidad de la vida orgánica reposa en una profunda sensación de lo numinoso como sustancia de la vida misma. La vida es la manifestación de una «potencia» dotada de los preciosos atributos de lo numinoso: es «mysterium», es «tremendum» y es «fascinans». Para la mentalidad primitiva y arcaica todos los trances de la vida están dotados de sacralidad. Esos trances son en último análisis tres: vivir, engendrar y morir. Están íntimamente compenetrados entre sí y hallan su expresión en el sentido misterioso de la sangre (vida), el sentido misterioso de la muerte y el sentido misterioso de la fecundidad.
>
> Sangre, muerte, fecundidad: tres palabras que, ya con su enunciación, parecen resumir de algún modo la obra de García Lorca. Pero ésta es una afirmación demasiado general: no cabe contestarse con vagas aproximaciones: lo que importa es ver cómo esos tres temas son basilares en la poética de Lorca, y sobre todo, cómo son sentidos «religiosamente» por él y qué trasmundo de asombrosas intuiciones numinosas contienen[63].

De ahí en adelante procede Álvarez de Miranda a analizar la obra de Lorca en general en cuanto a los siguientes temas: fecundidad, sexualidad, sangre, muerte, sacralidad, luna y muerte, luna y sangre, luna y fecundidad-sexualidad y luna y ritmos cósmicos. Aunque no podemos glosar aquí todo el estudio, es obvia la importancia que tiene en cuanto a *Bodas de sangre*, máxima teatralización de estos temas. Veamos, por lo tanto, los comentarios más importantes sobre esta obra que Álvarez de Miranda califica como «la más importante obra lorquiana»[64].

En primer lugar tenemos que seguir teniendo muy en cuenta que *Bodas de sangre* pertenece de lleno a un mundo especial que a partir del racionalismo y del cristianismo en general dejó de existir en el mundo occidental:

> Mundo exento de vicio y de virtud, más allá de los principios morales; mundo impregnado totalitariamente por un sentido místico de la vida, de su producción (sexualidad-generación) y de su cesa-

---

[63] *Ibid.*, págs. 12-13.
[64] *Ibíd.*, pág. 34.

ción (muerte), que, a su vez, son episodios íntimamente entrelazados: «mística de la muerte, mística nupcial y erotismo se dejan difícilmente separar»[65].

Pensando en aquel mundo pre-lógico, llegamos al tema del sacrificio. La muerte en la obra de Lorca es un tema esencial, pero lo importante no es el mero hecho de morir sino *por qué* y *cómo* mueren sus protagonistas. No se trata de «la ética del morir, sino de la mística del morir»:

> La muerte lorquiana es... sangrientamente sacrificial. El eje está constituido por la inmolación en sí misma, por «la sangre derramada», más que por la supresión o la aniquilación del que muere. El que muere se nos aparece ante todo como «víctima»; pero tampoco, una vez más, en el sentido espiritual y moral que esta palabra, como casi todas las del vocabulario religioso, ha adquirido gracias al cristianismo, sino como víctima sacrificial, como ser viviente cuya sangre vemos correr bajo el golpe del cuchillo[66].

La obsesión en toda la obra de Lorca por el cuchillo, la navaja y el puñal es bien conocida[67], y «en las religiones arcaicas, el instrumento del sacrificio es una de las cosas más intensamente dotadas de sacralidad, y no sin profundísima razón, pues él es el primero que entra en contacto con la sacralidad de la vida-sangre, el que la libera y la "sacrifica". En la obra lorquiana el cuchillo es siempre, al mismo tiempo, fascinante y funesto»[68]. Ya en la primera escena de *Bodas de sangre* la navaja cobra dimensiones fascinantes y funestas en las palabras de la Madre:

> La navaja, la navaja... Malditas sean todas y el bribón que las inventó.
>
> [...]

---

[65] *Ibíd.*, págs. 19-20. Los paréntesis son de Álvarez de Miranda. La cita es del historiador de la religión, Gerardo van der Leeuw.

[66] *Ibíd.*, págs. 31-32.

[67] Piénsese, por ejemplo en Antoñito el Camborio, en don Perlimplín, en «las navajas de Albacete/bellas de sangre contraria» del romance «Reyerta», en «el Amargo», en el poema «Sorpresa» del *Poema del Cante Jondo*, en «Puñal» del mismo libro, en el puñal de «La siguiriya», en «El paso de la Siguiriya», también del *Poema del Cante Jondo*, y muchos más.

[68] *Ibíd.*, pág. 32.

> No sé cómo te atreves a llevar una navaja en tu cuerpo ni cómo
> yo dejo a la serpiente dentro del arcón.

Y las últimas palabras de la última escena de la tragedia
son una descripción perfecta de ese «contacto con la sacralidad de la vida-sangre, el que la libera y sacrifica»:

> Y apenas cabe en la mano,
> pero que penetra frío
> por las carnes asombradas
> y allí se para, en el sitio
> donde tiembla enmarañada
> la oscura raíz del grito.

Esto es, la oscura raíz del grito dionisiaco y sacrificial, lo
que en palabras de Álvarez de Miranda constituye:

> el himno de los protagonistas, Madre y Novia, al terrificante ins-
> trumento mortal; ambas repiten insistentemente, hasta que cae el
> telón, los versos extáticos del cuchillo. Una especie de «adoración»
> al cuchillo une en idéntico gesto a las dos feroces rivales. Ya no llo-
> ran cada una a su muerto, ni execran ya cada cual al matador de éste.
> Las muertes recíprocas, y el poeta hace a sus personajes oír de rodi-
> llas el himno del cuchillo. El cuchillo es la muerte y es su causa, es
> su misterio y su fascinación. Toda la trama de la obra es superada ya,
> y el «juego de las pasiones» se ha transformado en los versos de este
> himno final, de este inverosímil «pange lingua» que celebra una lite-
> ral apoteosis del cuchillo[69].

El *cuchillo* representa el *cómo* de ese sacrificio doble del
Novio y de Leonardo en el tercer acto de *Bodas de sangre*. Así

---

[69] *Ibíd.*, pág. 34. Al pie de la página, como no satisfecho con la importancia que ha dado al tema, añade:

> Es necesario que el lector se enfrente con los últimos versos de
> *Bodas de sangre* y, sobre todo, que perciba la función apoteósica que
> esta escena final de la más importante obra lorquiana adquiere en la
> economía dramática de dicha obra. La pálida evocación que se hace
> en estas breves líneas de comentario será siempre insuficiente para
> reflejar las ideas y sensaciones sobre el tema misterioso del cuchillo
> que el poeta ha orquestado intensamente con recursos verbales y
> plásticos.

explica Álvarez de Miranda el *porqué*, relacionando la muerte de los «héroes lorquianos» al sino sacrificial del «dios que muere» de las religiones mistéricas, sacrificio que halló su eco artístico más profundo en la tragedia de Eurípides, *Las bacantes:*

Significado de la muerte

> Pero el tema de la muerte de Lorca ofrece otros insospechados aspectos de sacralidad. La muerte es «pasión», es «sacrificio», es «inmolación»... ¿de quién? La respuesta es una sola: del varón, del ser masculino, del objeto sobre el que se polariza la expectante aspiración material, nupcial y sexual: del mismo ser que cumple la función de subordinado y de «paredro», junto a esas herederas de la gran diosa hegemónica tierna y terrible. Del portador de esa única especie de salvación imaginable para la mente arcaica que conoce la sacralidad de «la vida como sangre» y de «la entrada en la vida» operada en el proceso fecundidad-sexualidad. No es casualidad que a lo largo de la obra lorquiana sean varones los protagonistas del morir, como tampoco era casual el protagonismo de la mujer en los otros aspectos. Muere el varón, muere sobre todo para la mujer; se trata de muertes que están sentidas —como la sexualidad, como la sangre— desde la mujer, desde la madre, la esposa o la amante. Muere el salvador. Pero el salvador es siempre el varón. Hace falta siempre que el salvador muera, y toda religiosidad mistérica, hipersensible al tema soteriológico, predica siempre una pasión y muerte masculinas como la de Dionisos y la de Atis, como la de Adonis, Osiris y Tamuz. A su manera, los héroes lorquianos reproducen ese mismo misterio y pasión de «El dios que muere»: ya hemos vislumbrado en *Bodas de sangre* el significado victimario del doble sacrificio varonil[70].

No se trata de una imitación exacta de los mitos de la antigüedad. El Novio y Leonardo no son, literalmente, aquellos «dioses que mueren», de la misma manera que la muerte de Penteo en *Las bacantes* no supone una imitación exacta de la muerte mística del dios Dionisos. Pero la muerte de Leonardo y del Novio tienen, igual que la muerte de Penteo, un eco teatral inconfundible de los sacrificios que fueron practi-

---

[70] *Ibíd.*, págs. 34-35. Sigue Álvarez de Miranda: «En *Amor de don Perlimplín* el varón se inmolará por la mujer hundiéndose el puñal en el pecho, y el poeta nos hará saber que, gracias a esta muerte, la mujer quedará para siempre vestida de la sangre gloriosísima "del sacrificado"». Cfr. también Allen Josephs, «Don Perlimplín: Lorca's *amante-para-la-muerte* en *Lorca Fifty Years After: Essays on Lorca's Life and Poetry,* Washington D. C., George Mason University Press, en prensa.

cados para conmemorar el sacrificio del dios de las religiones antiguas. Que Lorca se inspirase en el ejemplo de Eurípides no puede probarse de manera textual o literal, pero los procedimientos teatrales análogos no dejan, para nosotros al menos, lugar a dudas.

Es más, la divinidad preside la acción del sacrificio de la misma manera que Dionisos preside el sacrificio de Penteo. Solo que en la obra de Lorca la divinidad no se representa en la figura del dios-toro Dionisos sino en la figura más potente de la mentalidad arcaica y también la más potente de la obra lorquiana. Escuchemos la explicación de Álvarez de Miranda:

> Ahora bien, entre todas aquellas realidades y fenómenos celestes que el hombre primitivo y arcaico percibe como seres transmundanos y divinos, hay uno que para la mentalidad arcaica resulta ser el más rico, el más influyente en la tierra y, sobre todo, en la vida orgánica, el más misterioso y esperanzador, y, en fin, el más «potente» que todos los restantes. No es, ciertamente el sol. Es la luna, como comprueban mil veces el etnólogo y el historiador de las religiones; y si al hombre moderno le cuesta trabajo percibirlo así, sólo revela cuán lejana está ya la mentalidad moderna y racional de la arcaica y mágica[71].

Basándose en muchos estudios sobre la divinidad lunar, especialmente en la obra del eminente historiador rumano de la religión, Mircea Eliade, Álvarez de Miranda explica cómo la luna —que en palabras de Eliade «crece y decrece, nace y muere» y que «es por excelencia el astro de los ritmos de la vida»— es «agente y símbolo de fecundidad, de vida y de muerte»[72], es decir, de los tres misterios esenciales de nuestra existencia. Aunque hace un análisis completo de la función lunar en la obra de Lorca, lo que nos interesa aquí es la importancia de la luna en *Bodas de sangre,* donde se convierte en insólito personaje dramático y

---

[71] *Ibíd.,* pág. 39. La luna es el elemento más frecuente en toda la obra de Lorca. Según dice Alice M. Pollin, *A Concordance to the Plays and Poems of García Lorca,* Ithaca, Nueva York, y Londres, Cornell University Press, págs. 385, 918, 1141. Aparece 218 veces en la poesía y 81 en el teatro.

[72] *Ibíd.,* pág. 39.

«es presentada como agente de la muerte de los protagonistas»[73].

La teatralización o la personificación escénica, si se quiere, de la luna es lo más original y lo más mítico de todo el
teatro lorquiano, y es lo que transfigura inconfundible-
mente el «crimen de Níjar» en tragedia. Afirma el crítico
Rupert C. Allen que la escena de la luna es «el interludio
simbólico más poderosamente sustentado que Lorca jamás
concibió». Y explica que en esta escena cruzamos «un umbral a otro mundo, el mundo de puro símbolo»[74]. Estamos
de acuerdo en parte: sin duda cruzamos un umbral teatral
a otro mundo, pero no nos parece tanto un mundo de
puro símbolo como una representación escénica del antiguo mundo fascinante, tremendo y misterioso del ritmo
sacrificial. No tratamos en *Bodas de sangre* tanto de símbolo
como de creencia arquetípica hecha carne en una obra teatral moderna. Quien mejor explica este proceso, relacionando de manera profunda y sugestiva la encarnación ritual de las arquetípicas creencias de las religiones antiguas
con la escenificación del dramaturgo moderno es Álvarez
de Miranda en este último pasaje clave que citamos de su
estudio fundamental:

> En toda mitología, ... y en toda religión, el mito reclama al rito,
> lo supone y lo exige, lo aclara y se encarna en él. Pues bien, García
> Lorca ha llegado a encarnar el mito luna-muerte, dándole una expre-
> sión dramática de carácter ritual. En el tercer acto de *Bodas de sangre*,
> en la noche misteriosa del bosque donde se refugian los trágicos
> amantes, sale la luna, pero esta luna no es sólito recurso luminotéc-
> nico de la escenografía teatral, sino un personaje mítico. La Luna,
> un ser que habla y se mueve que ostenta su hacha fatídica de disfra-
> zado de leñador que viene a cortar vidas humanas. En esta encar-
> nación plástica, la Luna es ayudada por otro personaje, la Muerte,
> que actúa como diácono de la Luna. Ambos constituyen una única
> realidad sobrenatural encarnada en dos figuras plásticas detrás de la

---

[73] *Ibid.*, pág. 43. Para un análisis de la luna en el *Romancero gitano* véase
nuestra edición, págs. 111-112 y 223-226. Para una clara correspondencia
entre la luna de «Romance de la luna» y la diosa-madre de Creta, cfr. el capítulo IV, «Dancer of Gades», de Allen Josephs *While Wall of Spain*, pág. 80.

[74] Rupert C. Allen, *Psyche and Symbol in the Theater of García Lorca*, Austin
y Londres, University of Texas Press, 1974, págs. 163-164.

Luna, como ministro suyo, está la Muerte, y si la luna se ha hecho carne, ha sido trayéndose consigo a la muerte encarnada. Nótese esto: el poeta nos hace ver las dos víctimas de la luna que van a morir pronto. El uno a manos del otro, pero haciéndonos saber cómo en realidad son los dos quienes mueren a manos de la Luna: de la Luna, que los ha elegido de antemano, que para eso está allí, que declara ella misma el objeto de su venida, que escucha indiferente las súplicas del coro de leñadores invocando clemencia para las víctimas... Y también los predestinados al sacrificio, que ven en la luna su destino, y uno de ellos dirá:

> Clavos de luna nos funden
> mi cintura y tus caderas.

Mas los protagonistas del morir no son los pobres seres que mueren, sino la luna que les trae la muerte. El poeta nos hace sentir esta «verdad» con una evidencia sobrecogedora, con una plasticidad que deja ya de ser dramática para ser ceremonial: La Luna, el gran oficiante, siempre seguida de su diácono que es la Muerte, entra «muy despacio» en la escena vacía. Entonces, súbitamente, al fondo *«se oyen dos largos gritos desgarrados»*: ya está la muerte aquí: entonces *«la luna se detiene. El telón baja en medio de un silencio absoluto»*.

No es posible representar de manera más viva el mito de la luna como divinidad de la muerte. El poeta ha organizado hasta el último detalle de esta encarnación ritual del mito, de esta sacra representación. El mito luna-muerte ya es algo más que mito, se ha «celebrado», es «sacramentum», se nos ha hecho patente no sólo ante la mente, sino ante los ojos de la carne por medio de una mística acción potente, hierática y sacral. Es, en una palabra, rito, que siempre y en toda religión se define precisamente así, como una acción potente, hierática y sacral[75].

Bodas de sangre es una obra difícil, compleja y extraña. Su mundo, sobre todo, en el tercer acto, es el mundo natural, «mundo exento de vicio y virtud, más allá de los principios morales», en la frase antes citada de Álvarez de Miranda. «Una tragedia extraña y emocionante, enigmática, inhumana... y sin embargo tan fuerte y tan llena de belleza...»[76]. Estas palabras de Gilbert Murray describen *Las bacantes,* pero también podrían aplicarse a *Bodas de sangre*.

---

[75] *Ibid.,* págs. 48-50.
[76] Gilbert Murray, *«The Bacchae* of Eurípides» en su *Humanist Essays,* Londres, Unwin Books, 1964, pág. 70.

Los críticos que busquen razones aristotélicas difícilmente las encontrarán; los que busquen caídas de hombres o mujeres de grandeza tendrán dificultad; y los que busquen protagonistas de tragedia o figuras trágicas en la Madre o en la Novia y en Leonardo o en el Novio, también. Porque «los protagonistas del morir no son los pobres seres que mueren —ni tampoco las mujeres desoladas que se quedan viudas—, sino la luna que les trae la muerte». *Bodas de sangre* no es una tragedia aristotélica, ni una tragedia clásica. *Bodas de sangre* es, bajo la mágica luz que arroja la Luna del tercer acto, una celebración teatral que se asemeja a los ritos mistéricos anteriores a la tragedia clásica. Nietzsche, el primer gran exponente romántico de lo dionisiaco en su *Origen de la tragedia,* arguyó perfectamente que la tragedia es el resultado de una fusión de lo apolíneo y lo dionisiaco, y no solamente el resultado de la glorificación de lo dionisiaco. *Las bacantes,* aunque representa una teatralización magnífica e inquietante del mito, del culto y del mito de Dionisos, también contiene su elemento apolíneo al hacernos entender lo terrible que puede ser el efecto del «dios loco». Ese efecto terrible constituye precisamente su catarsis. *Bodas de sangre* contiene una fusión análoga de los dos elementos de *ektasis* y de *logos,* como bien supo Rosales al decir: «En Lorca, la materia, los temas, son muy básicos, primitivos y sentidos, o sea, pre-intelectuales. Luego la elaboración es muy trabajada.» Y el mismo dramaturgo afirmó: «... Si es verdad que soy poeta por la gracia de Dios —o del demonio—, también lo es que lo soy por la gracia de la técnica y del esfuerzo, y de darme cuenta en absoluto de lo que es un poema» (1, 1171).

En un reciente estudio sobre los orígenes del teatro, E. T. Kirby ha descrito detalladamente cómo los ritos ditirámbicos de Dionisos se originaron en danzas de trance de antiguas culturas chamanistas. Este tipo de danza de trance era característico de los cultos dionisiacos, y de ella o de sus formas evolucionadas, como el mismo ditirambo extático, podemos trazar los orígenes de la tragedia cuyos versos provenían de la danza. Según Kirby, los cultos dionisiacos pertenecían de lleno a culturas chamanistas cuyas danzas efectuaban una catarsis con el

alejar el mal

fin de exorcizar o evitar influencias o espíritus maléficos. Vale la pena citar una afirmación exacta: «Dionisos era el dios de un antiguo chamanismo, y sus ritos eran esencialmente catárticos y apotropaicos»[77].

El ditirambo del coro se originó, según Kirby, cuando algún poeta entendió que el éxtasis ditirámbico proporcionaba una tensión espiritual que podía traducirse en arte empleando un lenguaje elevado e imaginativo junto con el ritmo de la danza y la música. Al evitar deliberadamente el vocabulario y la sintaxis del lenguaje ordinario, esa tensión, condensada en un momento fatídico, transportaba al público a un mundo de una realidad superior. La catarsis se realizaba con la fusión de elevadas imágenes literarias y el éxtasis, catarsis, en efecto, basada en conceptos y prácticas rituales todavía presentes en los cultos dionisiacos a los que se dedicaban las representaciones teatrales[78].

La explicación de Kirby nos parece muy importante porque da pie para entender aún mejor la naturaleza de la catarsis, no a posteriori como en la explicación de Aristóteles y su legión de fieles seguidores, sino desde dentro de la cultura que originó el género: *logos* y *ekstasis* al mismo tiempo, la fusión nietzschiana de lo dionisiaco y lo apolíneo, de lo telúrico y la elaboración artística, todo a la vez pero sin perder de vista nunca el origen sacrificial de la representación.

Aquel momento de incorporación en que el arte comienza a dar forma al caos dionisiaco es importante no sólo por ayudar a entender cómo fue el enigmático género en sus principios, sino porque ése es el momento análogo —cuando el arte escénico empieza a transfigurar la realidad naturalística o panteística precisamente al representarla y al celebrarla— que sirvió de inspiración a Lorca en *Bodas de sangre*. La teoría de Kirby de los comienzos de la tragedia es además, como veremos ahora, una descripción nada inexacta de lo

---

[77] E. T. Kirby, *Ur-Drama: The Origins of Theater*, Nueva York, Nueva Cork University Press, 1975, pág. 100. Traducimos del inglés. «Apotropaico», del griego *apotropaios*. Se refiere a ritos mágicos realizados para evitar, prevenir o lejar el mal.

[78] *Ibíd.*, págs. 99-100. Condensado y parafraseado del inglés.

que Lorca quiso realizar en su tragedia telúrica y pre-lógica, *Bodas de sangre*.

Recordemos un momento que ya hemos discutido el hecho de que el pueblo español del campo, y sobre todo el andaluz, se encontraba en la época de Lorca de muchas maneras en un estado pre-lógico. La recreación de una tauromaquia análoga en su sacrificio a la cretense es, como ya hemos visto, una prueba muy sugerente del fenómeno. Recordemos también la frase de Caro Baroja: «un pueblo andaluz es un museo vivo en el que hay desde rasgos del Neolítico hasta otros de origen recientísimo». Y no olvidemos que Pitt-Rivers compara el pueblo andaluz con la polis griega y hasta en ciertos valores comunes con una «tribu primitiva»[79]. También tengamos en cuenta que Francisco García Lorca en la biografía de su hermano, discute «el culto de las ánimas» de una criada de la casa familiar y habla de «cierta nota de paganía» en el pueblo natal de Fuente Vaqueros[80]. Y no olvidemos tampoco que Pitt-Rivers y Gerald Brenan dedican largas páginas a la discusión de brujas, de sabias, de alcahuetas, de curanderas, de creencias y prácticas paganas, de ritos no cristianos, de supersticiones, de trogloditismo, de «mantequeros» y de «sacamantecas», de culturas «de vergüenza», de creencias en mágica menstrual, y de otras muchas prácticas y creencias mágicas y supervivencias de la antigüedad que existían en Andalucía[81]. Pues bien; todas estas prácticas se relacionan directamente con, y son evidencias, vestigios y superviviencias de culturas, chamanistas y prelógicas. No queremos decir que el ambiente creado por Lorca en *Bodas de sangre* sea un ambiente griego. No; es un ambiente campesino netamente andaluz, pero no cabe la menor duda que, en cuanto a sus estructuras antropológicas, la Andalucía de Lorca se parecía de manera sobrecogedora —y a pesar de haber transcurrido más de dos milenios— al mundo que

---

[79] Pitt-Rivers, pág. 31.
[80] Francisco García Lorca, *Federico y su mundo*, págs. 31 y 19.
[81] Pitt-Rivers, *passim;* y Gerald Brenan, *Al sur de Granada,* Madrid, Siglo Veintiuno, 1974. El lector moderno que se interese en estos fenómenos debe leer cuidadosamente los libros de Caro Baroja, de Brenan y de Pitt-Rivers.

dio origen a la tragedia. Gran parte de la obra de Lorca celebra ese mundo y *Bodas de sangre* es su apoteosis escénica.

Pero escuchemos ahora al mismo dramaturgo:

> —Amo a la tierra —dice Lorca—. Me siento ligado a ella en todas mis emociones. Mis más lejanos recuerdos de niño tienen sabor de tierra. La tierra, el campo, han hecho grandes cosas en mi vida. Los bichos de la tierra, los animales, las gentes campesinas, tienen sugestiones que llegan a muy pocos. Yo las capto ahora con el mismo espíritu de mis años infantiles. De lo contrario, no hubiera podido escribir *Bodas de sangre*.
>
> ...
>
> Sin este mi amor a la tierra no hubiera podido escribir *Bodas de sangre* (II, 1021, 1022).

No puede ser más claro: la Andalucía campesina de su infancia es al mismo tiempo la inspiración y la materia de su tragedia.

Vengamos ahora a su declaración más importante sobre *Bodas de sangre*:

> —No más una obra dramática con el martilleo del verso desde la primera a la última escena. La prosa libre y dura puede alcanzar altas jerarquías expresivas, permitiéndonos un desembarazo imposible de lograr dentro de las rigideces de la métrica. Venga en buena hora la poesía en aquellos instantes que la disipación y el frenesí del tema lo exijan. Más nunca en otro momento. Respondiendo a esta fórmula, vea usted, en *Bodas de sangre*, cómo hasta el cuadro epitalámico el verso no hace su aparición con la intención y la anchura debidas, y cómo ya no deja de señorear la escena en el cuadro del bosque y en el que pone fin a la obra.
>
> —¿Qué momento le satisface más en *Bodas de sangre*, Federico?
>
> —Aquel en que intervienen la Luna y la Muerte, como elementos y símbolos de fatalidad. El realismo que preside hasta ese instante la tragedia se quiebra y desaparece para dar paso a la fantasía poética, donde es natural que yo me encuentre como pez en el agua[82].

---

[82] Originalmente Pedro Massa, «El poeta García Lorca y su tragedia *Bodas de sangre*», *Crítica*, Madrid, 9 de abril de 1933. Recogido por Marie Laffranque, «Federico García Lorca: Déclarations et interviews retrouvés», *Bulletin Hispanique*, LVIII, 3 (1956), págs. 312-313. También en *Obras completas*, II, 958-959, pero con *disposición* en vez de *disipación*. Seguimos el texto de Laffranque. Reproducido también en Hernández, pág. 184, con *disipación*.

Otro punto muy interesante es el aspecto musical, que, por cierto, nos lleva a pensar en la fusión de música y danza con el lenguaje elevado e imaginativo de que hablamos citando a Kirby.

Christopher Maurer, que ha estudiado más que nadie estos elementos, nos recuerda que Lorca dijo que en la escena «¡Despierte la novia!» (acto II, escena 1ª), que estaba experimentando con el coro dramático, y asevera que para Lorca la revivificación del coro, tal como se había empleado en el drama antiguo, era «indispensable para la revivificación de la tragedia en la España del siglo XX»[83]. Maurer cree que el concepto musical de *Bodas de sangre* es mucho más complejo de lo que se ha pensado y cita como prueba las notas de Weissberger para la producción neoyorquina para la cual el mismo Lorca había arreglado la música. Muestra Maurer, con muchas citas del guión neoyorquino, la naturaleza musical de toda la obra, especialmente el segundo acto, concluyendo que porque las versiones en castellano contienen tan pocas acotaciones musicales, «su importancia se olvida fácilmente»[84].

Muestra además que Lorca había concebido un final del tercer acto —el himno al cuchillo, como lo llamó Álvarez de Miranda— como un canto alternado entre las mujeres, la Novia y la Madre, final que había querido hacer en Madrid pero que no había llevado a cabo por el «trabajo pobre de artistas de segunda mano», en palabras de Weissberger. Para la escena apoteósica de la Luna explica Maurer que Lorca «se apoyó en la música para preparar al público» para lo extraño y lo poético del acto tercero, empleando el segundo concierto Brandemburgo de Bach. Cita entonces Maurer lo que ya citamos de Lorca: «*Bodas de sangre*... está sacada de Bach... ese tercer acto, eso de la luna, eso del bosque, eso de la muerte rondando, todo está en la Cantata de

---

[83] Maurer, «Bach and *Bodas de sangre*», en prensa. Traducimos de su manuscrito, que agradecemos a nuestro colega. Lorca también habló de la importancia del coro en *Yerma:* «He introducido en *Yerma* unos coros que comentan los hechos o el tema de la tragedia, que es lo mismo», Rodrigo, pág. 318.
[84] *Ibíd.*

Bach que yo tenía»[85], y coincide, por lo tanto, con nuestra tesis de que Lorca empleaba a propósito la música, el coro, y hasta cierto punto la escenificación danzada para crear el efecto de la tragedia.

Ahora bien, la música y los elementos de danza y de coro son precisamente los elementos que Lorca empleó deliberadamente para desdibujar el realismo entre el segundo acto y el tercero. Esos elementos, que van *in crescendo,* junto con *la poesía en aquellos instantes que la disipación y el frenesí del tema lo exijan,* crean la tensión espiritual que se condensa en el momento fatídico del primer cuadro del tercer acto. Este acto termina precisamente con las muertes de Leonardo y del Novio, momento *en que intervienen la Luna y la Muerte, como elementos y símbolos de fatalidad.* Estos elementos líricos, musicales y corales que hemos señalado, están destinados a liberarnos del realismo, a dejarnos vencerlo, a ayudarnos a cruzar el umbral teatral que desemboca en el viejo mundo sacrificial. Esto es lo que significa *disipación y frenesí* desvanecimiento del mundo real y tensión espiritual que nos transporta a una realidad superior. *El realismo que preside hasta ese instante la tragedia se quiebra y desaparece para dar paso a la fantasía poética, donde es natural que yo me encuentre como pez en el agua.* Ese realismo se quiebra y desaparece porque los procedimientos teatrales de Lorca son análogos a los de los creadores de la tragedia, y ese realismo da paso a una fantasía poética que, como nos ha explicado Álvarez de Miranda, coincide sorprendentemente con los arquetipos de la religión antigua. Lorca, genial intérprete de su propia tierra, se encuentra allí como pez en el agua porque conoce a fondo aquel duende que, *mutatis mutandis,* había saltado, según él, de la Grecia misteriosa a la Andalucía inmemorial.

Teniendo en cuenta todo lo que hemos examinado, veamos más detenidamente cómo ese «realismo» de los dos ac-

---

[85] *Ibíd.* Reconocemos que hay cierta confusión entre la Cantata 140 y el segundo concierto Brandemburgo. No importa. Lo importante es la inspiración en y el empleo de la música de Bach para «preparar al público». La confusión, si la hay, es por lo que dijo Lorca y no por lo que dice Maurer en su importante artículo. Parte de la música para *Bodas de sangre* está en las *Obras completas* (I, 1267-1270).

tos primeros lleva a aquel mundo tétrico y arquetípico del tercer acto. En primer lugar tenemos que afirmar que el realismo de estos primeros actos es solamente en comparación con el tercer acto, pues no constituye un realismo en el sentido normal de la palabra. Es más bien la escenificación de cierta realidad andaluza elegida a propósito por Lorca para ir creando la desembocadura en el mundo sobrenatural del tercer acto, desembocadura que se llevará a cabo mediante los recursos escénicos de música, de danza, de elementos corales y de lenguaje poético aún cuando se trata de prosa.

Conviene tener en cuenta que Lorca explicó en una entrevista que «yo no concibo la poesía como abstracción, sino como cosa real existente, que ha pasado junto a mí. Todas las personas de mis poemas han sido», para decir a continuación que «la poesía no tiene límites». Una cosa real, existente es el «crimen de Níjar»; luego al hacerse tema poético no existen límites que el autor no pueda emplear para convertirlo en poesía; y por fin, esa poesía ya sin límites se convierte en teatro al alzarse de la página y escenificarse. Es un procedimiento que dista mucho del realismo propiamente dicho, y *Bodas de sangre* representa un ejemplo excelso de la conversión de algo real y existente en la «poesía que se levanta del libro». Lorca se inspira en «el crimen de Níjar», pero lo transfigura radicalmente, como ya sabemos, aun —vale la pena repetirlo— en la prosa de los primeros actos.

Afinemos: no se aparta de aquella realidad andaluza del «museo vivo», pero no por ello debe relegarse en ningún momento a «ruralismo» realista. La cueva de la Novia —inspirada en las cuevas de pueblos como Purullena, como Guadix, como Benamaurel (donde todavía hoy más de la mitad de las viviendas son cuevas), como Baza, como Cuevas de Almanzora, o como muchos pueblos más, sobre todo en la zona que va de Granada a Lorca —es altamente sugestiva y nos sitúa de lleno en lo más telúrico de Andalucía. El hecho de que este tipo de vivienda exista como parte de la realidad andaluza es un ejemplo perfecto de cómo Lorca emplea un detalle sin apartarse de la realidad para lograr un efecto teatral

69

el cuchillo

nada «realista». El detalle, tan verídico como ancestral, raya con el neolítico, para emplear la palabra de Caro Baroja[86].

Ahora bien, desde el primer cuadro, como apuntamos páginas atrás, es patente la insistencia en el cuchillo como arma mortal que se convertirá en el tercer acto en instrumento sacrificial. Para el Novio sólo sirve para cortar uvas, pero la Madre lo ve desde el principio y a lo largo de la obra de manera funesta:

> Todo lo que puede cortar el cuerpo de un hombre. Un hombre hermoso, con su flor en la boca, que sale a las viñas o va a sus olivos propios, porque son de él heredados...

Este parlamento de la Madre también comienza la insistencia en imágenes relacionadas con el mundo floral. En seguida afirma la Madre que su marido le «olía a clavel». Hablando del marido muerto y de su hijo también muerto, los llama «dos hombres que eran dos geranios». En lo sucesivo asociará a sus hombres con el trigo, y esperará que la Novia y su madre «fueran como dos cardos, que ninguna persona les nombra y pinchan si llega el momento». La Mujer de Leonardo, de manera parecida, le llama varias veces «clavel» a su niño, y la Suegra «rosal», en la nana que cantan. A continuación afirma la Mujer que «Hoy está como una dalia». En el segundo acto, después de la huida de Leonardo y la Novia, la Madre describirá a la Novia y a Leonardo en estos términos: «Planta de mala madre, y él, también él». El segundo acto está impregnado de ese tipo de imagen floral y hay menciones constantes a lo largo del acto de ramos de flores, azahares, laureles, jazmines y dalias. En el apitalamio del primer cuadro del segundo acto, una de las escenas más celebradas de la obra, donde «Federico recoge, o mejor, inventa sobre el gusto tradicional, una canción de bodas»[87], aparecen imágenes florales como parte integral de la canción.

---

[86] Para una discusión más a fondo sobre este problema de la realidad andaluza, véase nuestra introducción a *La casa de Bernarda Alba*, Madrid, Cátedra, 1976, págs. 49-68.

[87] Francisco García Lorca, *Federico y su mundo*, págs. 340.

poesía lírica   *canto de boda*
                                   canto

Las imágenes más llamativas de este tipo son dos que se
expresan en prosa. Al final del epitalamio, cuando todos
salen para la iglesia, la Mujer de Leonardo, ya amargada
por el modo en que éste la trata, recuerda, sin embargo, la
emoción del día de sus bodas y dice, «Así salí yo de mi casa
también. Que me cabía todo el campo en la boca». Y la No- ✳
via, hablando con Leonardo entre los versos alegres del epitalamio y temblando por la emoción que siente, le confiesa
en un dramático y bellísimo presagio a éste: «No puedo oírte. No puedo oír tu voz. Es como si me bebiera una botella
de anís y me durmiera en un colchón de rosas. Y me arrastra, y sé que me ahogo, pero voy detrás».

Estas bellas imágenes —de las que se rieron en Nueva
York— son muy propias en aquella cultura campesina tan
arraigada en la vida del campo. Son, además, tradicionales
con claros ecos del teatro clásico español, sobre todo el teatro de Lope de Vega. Recordando al Cancionero y al teatro
pastoril de Juan del Encina y de Gil Vicente, afirma lo siguiente el hermano del poeta:

> Lope de Vega es, no obstante, el gran asimilador de la corriente
> tradicional, que vierte con gracia e instinto insuperable en el molde
> de la comedia nueva: canciones de cuna, de ronda, de espigadoras,
> de boda, de recogida de aceitunas, de siega.
> Acaso desde los tiempos de Lope no se había utilizado esta co-
> rriente de la poesía tradicional con tanto rendimiento, con tan au-
> téntico garbo, como Federico en el mencionado cuadro[88].

Estas imágenes son tradicionales y son de una raigambre
que se remonta hasta todas las tradiciones campestres. Co-
nectan de manera directa con toda la antigua sensibilidad
mediterránea. Pero hay más: se asocian de manera muy
sugerente con el mundo presidido por la divinidad lunar
y nos dirigen —seamos conscientes de ello o no— hacia
ella:

> Que la luna preside los ritmos de la vegetación puede seguir sien-
> do una experiencia actual a través de la percepción del régimen de
> lluvias y mareas. Mas para la mente arcaica estas son experiencias

---

[88] *Ibíd.*

71

religiosas: la religión luna-vegetación-aguas es percibida como mágica y misteriosa, como obra de la suprema potencia de la divinidad lunar. Si la fecundidad animal y humana dependía de la luna, la fertilidad vegetal depende igualmente de ella, por lo cual las divinidades lunares son también, al mismo tiempo de la vegetación, y hay toda una serie de árboles y plantas que le están especialmente consagrados[89].

Como veremos al llegar al tercer acto, la Luna se identifica repetidamente con estas imágenes florales, identificación que no nos ha de extrañar puesto que el dramaturgo las ha empleado a propósito en los primeros actos.

De forma análoga emplea la «nana del caballo», con la que abre el cuadro segundo del primer acto y con la que sugiere dramática e intencionadamente lo que va a ocurrir en la tragedia. Cuando los griegos acudían a una representación de *Edipo* o de *Las bacantes,* sabían exactamente lo que iba a pensar, lo que, en efecto, *tenía* que pasar. Esa era la ventaja de una mitología vigente porque el público no tenía que prestar atención a lo que estaba pasando o a lo que iba a pasar sino a cómo se estaba desarrollando una acción inevitable. Los autores modernos no disfrutan de esa ventaja innegable, y si quieren que el público esté enterado de antemano —para poder así participar en, en vez de estar atento a, la acción— tienen que prefigurar esa acción desde el principio. Lorca acude a la «nana del caballo» y a otros deliberados presagios, como la insistencia en el cuchillo, para llevar a cabo este efecto tan necesario en el género trágico. Sin un sentido de inevitabilidad o fatalidad, nosotros, los espectadores, nos fijamos en el *porqué* y no en el *cómo,* y el resultado es drama o melodrama en vez de tragedia. La nana, además, nos lleva inevitablemente al mundo deliberadamente sobrenatural del tercer acto.

Lorca recogió la nana en sus propias tierras donde dice que es «la más popular del reino de Granada», y cita un trozo de ella en su bella conferencia «Las nanas infantiles»:

---

[89] Álvarez de Miranda, págs. 64-65. En otro lugar también dice: «...las religiones basadas en la sacralidad de la vida orgánica han mirado siempre a la luna como a su más natural divinidad» (pág. 39).

> A la nana, nana, nana
> a la nanita de aquel
> que llevó el caballo al agua
> y lo dejó sin beber... (I, 1082).

Sobre esa nana popular elaboró su propia versión que nos sugeriría de manera casi directa lo que tenía que pasar en *Bodas de sangre*:

> Duérmete, clavel,
> que el caballo no quiere beber.
> Duérmete, rosal,
> que el caballo se pone a llorar.
> Las patas heridas,
> las crines heladas,
> dentro de los ojos
> un puñal de plata.
> Bajaban al río.
> ¡Ay, cómo bajaban!
> La sangre corría
> más fuerte que el agua.

El puñal, y no un puñal cualquiera, sino *un puñal de plata*, esto es, un instrumento sacrificial; la sangre que corre más fuerte que el agua; y los no nombrados sujetos del verbo *bajaban* —¡*Ay, como bajaban!*—, nos dan los elementos esenciales de la tragedia que ha de tener lugar. Además la resistencia del caballo a beber y el caballo que *se pone a llorar* nos indican un ambiente no natural y una clara prefiguración de un suceso trágico.

Inmediatamente después de acabar la canción, entra Leonardo, el único personaje con nombre en toda la obra. Su nombre, Leonardo, nos hace pensar inmediatamente en el león *(felis leo)*. Pues bien, este hombre felino se asocia constantemente con el caballo, reiterada y obsesivamente. Sería demasiado largo traer a colación aquí todas las citas, pero veamos algunas de las más importantes asociaciones entre él y el animal que según Rafael Martínez Nadal «se destaca sobre todo animal» en el «gran bestiario que puebla su obra»[90],

---

[90] Martínez Nadal, *El público*, págs. 193-194. El estudio de los elementos poéticos del caballo que hace Martínez Nadal es espléndido y exhaustivo.

animal polivalente que significa una y otra vez dos cosas en la obra de Lorca: sexo y muerte.

Leonardo se ha visto, se dice en esta misma escena, «al límite de los llanos» con el caballo «reventado de sudor». En ese momento acaba de llegar y el caballo, según la Suegra, está «tendido, con los ojos desorbitados como si llegara del fin del mundo», o de la casa de la Novia que se encuentra muy lejos. En el tercer cuadro del primer acto, la Criada mantiene haber visto a un jinete a las tres de la madrugada y afirma que «Era Leonardo». El primero en llegar a la boda es él, que ha llegado a caballo al que va a «matar con tanta carrera», según la Criada. Leonardo responde: «¡Cuando muera, muerto está!» La Novia confiesa a Leonardo que «un hombre con un caballo sabe mucho y puede mucho para poder estrujar a una muchacha metida en un desierto». Al salir todos para la iglesia Leonardo no quiere ir con su mujer en el carro, sino a caballo, quejándose de que «yo no soy hombre para ir en carro». Su mujer le dice que tiene «una espina en cada ojo», igual que el puñal de plata en los ojos del caballo de la nana. En el segundo cuadro cuando la mujer de Leonardo lo busca sin encontrarlo, dice, «Es que no lo encuentro, y el caballo no está tampoco en el establo». Al descubrir la huida de la Novia con Leonardo, la Mujer anuncia la fuga así: «¡Han huido! ¡Han huido! Ella y Leonardo. En el caballo. ¡Iban abrazados, como una exhalación!» Han huido en el caballo, *el caballo,* que los llevará al bosque fatídico donde espera la Luna. *El caballo* que encarna a la vez la fatal atracción sexual —que destruye poderosamente aquel orden social— y *el caballo* que será, como tantas veces en la obra de Lorca, el animal que llevará a sus jinetes a la muerte: qué lejos estamos, gracias a la transfiguración poética que opera Lorca, de la sórdida huida en una caballería —y en mula, en efecto— de los desgraciados fugados del «crimen de Níjar».

Y ahora llegamos al tercer acto. Todo el desarrollo de la obra hasta ahora apunta a propósito hacia él: los presagios en el diálogo; la insistencia en el cuchillo —insistencia que lleva implícita tanto la enemistad entre las familias del Novio y de Leonardo como el resultado natural del uso del cuchillo que es la sangre del título—, las imágenes florales que anticipan las flores cortadas, esto es, las vidas que se han de cortar; la «nana del caballo» que prefigura la acción dramática y que se encarna en el caballo funesto de Leonardo; la alegría del epitalamio, también lleno de imágenes florales, que contrasta con el sino inexorable de los varones que han de morir y las mujeres que han de quedarse solas; la escenificación coreográfica y la música del segundo acto que irán creciendo matemáticamente a lo largo del segundo acto; y finalmente el uso de versos en la nana y el epitalamio que anticipa «la poesía en aquellos instantes que la disipación y el frenesí del tema lo exijan». Todo ello forma un conjunto hilvanado que ha de estallar en la celebración del rito sacrificial del tercer acto. Todo está cuidadosamente preparado —orquestado, como expresara Josefina Díaz— por el poeta para que el «realismo» de prosa y de personas desaparezca para dar paso a un mundo de personificaciones sobrenaturales y telúricas: Leñadores, la Luna y la Mendiga que, según indica la acotación, «no figura en el reparto». Entremos en ese mundo.

«*Bosque. Es de noche. Grandes troncos húmedos. Ambiente oscuro. Se oyen dos violines*»: reza la acotación. Nada de naturalidad ni de realismo. Este bosque es ya *el bosque,* como el bosque mítico que en los mitos y las religiones antiguas significa el dominio de la Gran Diosa Madre y en la psicología de Jung el inconsciente. Es el mismo tipo de bosque que aquel donde las ménades despedazaron a Penteo. Aquí no entra el sol nunca. Los grandes troncos húmedos indican claramente que estamos ya muy lejos de aquellos secanos sin agua de la casa de la Novia en el viaje a la cual —viaje de cuatro horas— la Madre no había visto «ni una casa ni un árbol». Es un bosque lunar, «plenilunio de Turdetania», en la frase feliz de Fernández Almagro, que sólo existe *in illo tempore.*

«*Salen los tres leñadores*». Si los invitados a la boda que cantan el epitalamio componen un coro humano, éstos forman un coro sobrenatural que prepara la llegada de la Luna y comentan la acción.

Luna, sangre, sexualidad-inclinación, la tierra: en ese mundo de los leñadores lo que comentan es la ley natural, el puro instinto del mundo orgánico, pero no sin hacernos comprender que el precio de seguir esa ley natural es la sangre

75

—esto es la vida— sacrificial: «sangre que ve la luz se la bebe la tierra».

Sobre la conexión sangre-tierra comenta Álvarez de Miranda: «la sangre, una forma de vida, está hermanada con esa otra forma de la vida que brota de la tierra bajo la numerosa especie del mundo vegetal. Millares de mitos y de ritos conocen y utilizan esa fraternal comunión entre la sacralidad de la vida orgánica (sangre) y la sacralidad del mundo vegetal»[91]. En cuanto a la sacralidad de la sangre, tengamos también en cuenta lo que dice la Madre sobre la muerte de su primer hijo, también a manos de los Félix:

> Cuando yo llegué a ver a mi hijo, estaba tumbado en mitad de la calle. Me mojé las manos de sangre y me las lamí con la lengua. Porque era mía... En una custodia de cristal y de topacios pondría yo la tierra empapada por ella (cuadro 2.°, acto 2.°).

En esta obra, como en toda la obra de Lorca —pensemos en «El llanto por Ignacio Sánchez Mejías»— la sangre derramada es sagrada y se la bebe la tierra.

También está destinado a la muerte el Novio como nos hacen saber los leñadores.

Ya el destino de todos está decidido. El Novio llega apesadumbrado por la carga de su casta de muertos. La Novia y Leonardo llegan, como un Romeo y una Julieta telúricos: sólo que en el bosque sus suertes no se marcan por estrellas encontradas sino por la Luna acechante que ha de hacer su aparición —nótese cómo las imágenes florales se vuelven amenazadoras— en ese momento.

Subrayamos (en página 66) la aseveración de Lorca sobre apuntar la importancia que da al empleo de verso aquí, precisamente cuando viene el frenesí del momento sacrificial. El hecho de que mezcle el verso y la prosa en esta obra de forma algo revolucionaria para su época nos parece menos importante que el empleo de verso en el momento adecuado, indicado y hasta necesario. Elevar el lenguaje a poesía —no meros versos— es, como ya apuntamos, una de las técnicas más eficaces que emplea para lograr y alzar la tensión dramática.

[91] Álvarez Miranda, pág. 54.

disfraz de la luna *personificación*

Llegamos pues al climax de *Bodas de sangre*. Aparece la Luna como *«un leñador joven con la cara blanca. La escena adquiere un vivo resplandor azul»*[92]. Su largo soliloquio pone escalofriantemente de manifiesto su calidad de sangrienta divinidad de la muerte. Personaje mítico, la Luna es, como la describe Álvarez de Miranda, «un ser que habla y se mueve, que ostenta su hacha fatídica de disfrazado de leñador que viene a cortar vidas humanas».

Sale entonces la Mendiga que representa a la muerte, «diácono de la Luna», como la llama acertadamente Álvarez de Miranda. Su propósito está claro:

> De aquí no pasan. El rumor del río
> apagará con el rumor de troncos
> el desgarrado vuelo de los gritos.

Luna
Mendiga

La Luna se va y entra el Mozo primero y el Novio. Este dice: «Yo sentí hace un momento el galope».

La Mendiga entra y acompaña al Novio a encontrarlos y vuelven los Leñadores pidiendo clemencia.

Pero ya no hay más remedio. Todo es cuestión del momento exacto. Aparecen la Novia y Leonardo en una escena bella, poética, trágica y resignadamente mortal.

Han sido víctimas de fuerzas ciegas que no controlan ni entienden.

No hay culpa que valga, ni culpa que se explique, ni culpa que se vea. No hay más que una vaga conciencia de que han sido arrastrados por algo que jamás comprenderán aun cuando no han querido ni quieren. Seres humanos patéticamente subyugados a fuerzas telúricas —llámense dioses, llámense furias, llámense la naturaleza o la condición humana— que son más fuertes que ellos. Al final de la escena, al final de su dúo mortal —*toda esta escena es violenta, llena de gran sensualidad,* dice la acotación— reconocen su destino, su condición de amantes trágicos.

Leonardo, como la Novia, entiende perfectamente la imposibilidad de vencer su atracción mutua, que es inútil resis-

---

[92] Aunque dice *leñador,* el papel de la Luna fue desempeñado en todas las representaciones por una mujer.

77

darse cuenta de   _descubrimiento crítico_

tir, sobre todo ahora, que ya son fatalmente víctimas de un desenlace mortal.

Inmediatamente después de esta anagnórisis ocurre el momento fatídico, lo que Álvarez de Miranda llama «sacra representación... una mística acción potente, hierática y sacral», y, «en una palabra, rito». Es importante observar que las muertes mismas son obscenas en el sentido griego y etimológico, esto es, que ocurren fuera de la escena. Este hecho hace resaltar aún más la naturaleza ritual del momento: no nos fijamos en los hombres que mueren sino en las figuras que celebran el sacrificio.

En el «Cuadro último», casi todo en verso, estamos de vuelta al mundo de personas, pero ya con una clarísima conciencia de lo que ha pasado en el bosque. El cuadro sirve como desenlace de la obra, pero también realza el sentido inevitable y sacrificial de la muerte de los hombres. La habitación blanca de la casa de la Madre tiene «un sentido monumental de iglesia». Afuera hay una niña y dos muchachas que juegan con una madeja roja cuyo significado simbólico se hace bien evidente. Subraya ingenuamente la canción de una de las muchachas la fatalidad de toda vida humana.

Entran la Suegra y la Mujer de Leonardo y detrás de ellas la Mendiga que ha salido del bosque fatídico y que viene para contar cómo han caído frente al caballo fatal de Leonardo que los ha llevado allí.

Llega una vecina con la Madre y ésta habla de su hijo muerto con imágenes florales y telúricas que emplea para expresar su dolor. Más insistente no podía ser: _camposanto no: lecho de tierra._

Llega la Novia con una mantilla negra y la Madre la ataca, golpeándola y haciéndola caer al suelo. La Novia se explica con la Madre y continúa, como habían hecho en la escena del bosque ella y Leonardo, insistiendo en la imposibilidad de resistir.

Sobre este parlamento opina Marcelle Auclair:

> Esta es la clave de _Bodas de sangre:_ viento solano del deseo que se atreve a blasfemar del sentimiento materno...

> García Lorca no justifica a la Novia, pero por primera vez un
> autor dramático permite en la escena española que la pecadora de-
> fienda como «no culpable» su pasión[93].

Pero entendida en los términos trágicos internos de la obra,
la Novia no es «pecadora» sino víctima de fuerzas que no puede resistir. Lorca no pone, más que en boca de ella, ninguna
«justificación», porque una «justificación» en términos morales no existe. Pero al entender la representación de la Luna
como fuerza sobrenatural, como elemento de fatalidad, sali-
mos del mundo de justificaciones para entrar en el mundo de
las fuerzas más elementales. No hay una justificación moral,
y no hay necesidad de ella, porque teatralmente Lorca ha
creado para la Novia una motivación imposible de esquivar.

Naturalmente, la Madre no puede aceptar esa explicación,
pero la Novia insiste en su inocencia hasta pedir la medida
más drástica y primitiva de probar hasta su inocencia corporal, la prueba del fuego.

Pero Lorca no termina la obra ni con la cuestión de la
honradez, que queda en el aire y sin resolver, ni con la imagen de la cruz, sino con lo que Álvarez de Miranda llama
«los versos extáticos del cuchillo». La Madre responde nega-
tivamente a la prueba de fuego, soslaya la cuestión de la
honradez y comienza a venerar la muerte de sus hijos con
una mezcla típicamente andaluza de imágenes telúricas y
hasta cierto punto ortodoxas.

La obra termina con el himno alternado entre la Madre y
la Novia que repiten las mismas palabras para celebrar de forma trágicamente ineluctable el instrumento de sacrificio.

El efecto de *Bodas de sangre* es el efecto de la catarsis en su
sentido más primario. Es un efecto de exorcismo, un efecto
«apotropaico», en el que la misma configuración teatral orga-
niza, representa, y nos hace entender poéticamente que existen «en la naturaleza y en la psique humana fuerzas ocultas y
no controlables capaces de enloquecer y de destruir». Ya hemos visto en *Bodas de sangre* cómo esas fuerzas ocultas en el
bosque arquetípico —bosque que aparece y coincide en antiguos mitos y ritos, en la psicología moderna del inconscien-

[93] Auclair, pág. 272.

te colectivo, y en el mundo artístico de Lorca— no son controlables y cómo enloquecen y destruyen. La representación ritual de ellas es lo que celebra *Bodas de sangre,* como si la función de la obra fuera la de prevenir y proteger, como en las más antiguas tragedias, contra su influencia nefasta.

Recuerda Marcelle Auclair que durante la lectura que hizo Lorca de *Bodas de sangre,* «yo no sentí que se trataba de un símbolo, menos aún una fantasía, sino de una realidad lírica más auténtica que la realidad»[94]. Esa realidad lírica más auténtica que la realidad —realidad lírica que nos encarna las fuerzas «ocultas y no controlables», y que somete a los personajes de la obra, y a través de ellos a nosotros, a su hechizo mortal— es lo que significa para el autor de *Bodas de sangre* tragedia. Es a la vez una superación lírica de la realidad y una artística prevención ritual contra ella. Es trágicamente irónico que Lorca cayera pocos años después víctima de fuerzas incontrolables en la psique humana. A pesar del asesinato que cortó su vida, nos ha dejado en *Bodas de sangre* una verdadera tragedia del teatro moderno cuyo efecto de catarsis nos devuelve a los albores mismos del género.

«Hay que volver a la tragedia —dijo—; caminos nuevos hay para salvar al teatro. Todo está en atreverse a caminar por ellos». Cuanto más se profundiza en los comienzos del teatro, más atrevida parece *Bodas de sangre.* Es una obra moderna y antiquísima a la vez, de un autor de nuestro tiempo que no había perdido la habilidad de remontar el manatial del arte desde donde burbujearon los primeros riachuelos del teatro. *Bodas de sangre* no es sólo una obra atrevida, es una obra maestra del teatro de nuestro siglo, cuya integración de *logos* y *ekstasis,* de lo dionisiaco y lo apolíneo, de lo antiguo y lo moderno, significa la mayor posibilidad integradora de una renovación del teatro que hemos conocido. La Andalucía trágica y universal de *Bodas de sangre* está más cerca del Tebas de *Las bacantes* que cualquier otro escenario del teatro moderno, y Federico García Lorca, el dramaturgo que nos hace desenterrar las oscuras raíces del género que más nos fascina y asombra, no parece sino un Eurípides de nuestro tiempo.

[94] *Ibíd.*

Esta edición

Bodas de sangre no ha tenido, hasta ahora, un texto definitivo. La obra nos ha llegado en versiones que no tuvieron
una revisión cuidadosa por parte de su autor. Federico García Lorca era refractario a publicar sus libros. Así lo expresó
en una entrevista:

> Un día... que no me espere el embajador, que no precise pagar
> atenciones... a periodistas, autores, actores, poetas, literatos y a
> todos en este país... entonces me dedicaré a editar mis obras
> (II, 1000).

En otra ocasión, con más seriedad, dijo:

> Escribir sí, cuando estoy inclinado a ello, me produce un placer.
> En cambio, publicar, no. Todo lo contrario. Todo lo que yo he pu-
> blicado me ha sido arrancado por editores o por mis amigos. A mí
> me gusta recitar mis versos, leer mis cosas. Pero luego le tengo un
> gran temor a la publicación (II, 990).

Quizás por esa actitud sólo una vez fue publicada *Bodas
de sangre* en vida del poeta. Esta edición de 1936, que se im-
primió en Madrid por la editorial Cruz y Raya, bajo la dirección de José Bergamín, no tuvo la revisión debida por
parte del autor. Según Mario Hernández «Cabe sospechar
con cierto fundamento que García Lorca no corrigió las
pruebas de esta edición, quizás porque se encontraba en
Barcelona cuando el libro se estaba realizando (Hernández,
pág. 224).

En 1938 se publicó *Bodas de sangre* por la Editorial Losada de Buenos Aires, usando el guión que poseía Margarita Xirgu, texto que, según ella misma expresaba en la advertencia que precedía la edición, contenía los últimos retoques del autor. Recuérdese que Lorca consideró que la producción de Margatita Xirgu en Barcelona fue «el verdadero estreno» de la obra y que él participó directamente en la producción.

En 1954 comienza la editorial Aguilar a editar, bajo el cuidado de Arturo del Hoyo, las *Obras Completas* de Federico García Lorca, siguiendo la edición de Losada. Únicamente se corrigen algunas erratas y se introducen pequeñas variantes sin importancia.

En 1984 se publica una nueva edición en Alianza Editorial. Esta edición, hecha por Mario Hernández, aunque sigue en general la edición de Losada, efectúa algunos cambios que no siempre nos parecen justificados y que anotamos.

En nuestro propósito de fijar un texto definitivo, nos hemos basado en la edición de Losada (Buenos Aires, decimoctava edición, 1980), cotejándola con las de Cruz y Raya, Aguilar (Madrid, vigésima edición, 1977) y Alianza. En esa labor de comparación y evaluación de textos, nos inclinamos en lo posible al texto de Losada por las correcciones y los cambios del autor, apartándonos del mismo en los casos de erratas evidentes.

El cotejo de estas ediciones revela que en unos casos se han introducido cambios que no tienen justificación y en otros casos se han cometido errores que deben enmendarse. Por lo tanto, hemos establecido nuestro texto, anotando las variantes y explicando nuestro criterio de selección.

Además, hemos agregado notas que ayudan a relacionar *Bodas de sangre* con el resto de la obra de Lorca y que señalan la técnica que empleó el dramaturgo para crear esta tragedia moderna. A fin de no repetir innecesariamente lo que ya explicamos en nuestro estudio, hemos tratado de reducir a un mínimo adecuado estas notas. Así, por ejemplo, los juicios de Álvarez de Miranda, tan importantes para nuestra interpretación de la obra, sólo se mencionan en los casos más importantes.

Bibliografía

ESTUDIOS

ADAMS, Mildred, *García Lorca: Playwright and Poet*, Nueva York, George Braziller, 1977. Biografía por una amiga neoyorquina de Lorca que incluye interesantes juicios sobre la producción de *Bodas de sangre* en Nueva York.

ALLEN, Rupert C., *Psyche and Symbol in the Theater of Federico García Lorca*, University of Texas Press, Austin y Londres, 1974. La parte tercera de este libro está dedicada a un detallado comentario de los símbolos en *Bodas de sangre* desde un punto de vista psicológico.

ÁLVAREZ DE MIRANDA, Ángel, *La metáfora y el mito*, Madrid, Taurus, 1963. Publicado originalmente con el título de «Poesía y religión» en el tomo II de las obras del autor, este trabajo es indispensable por su comparación entre el simbolismo de religiones arcaicas y la obra lorquiana. De interés capital para nuestra edición son los juicios sobre la muerte sacrificial y la luna.

AUCLAIR, Marcelle, *Vida y muerte de García Lorca*. Título de la primera edición en francés: *Enfances et mort de García Lorca*, 1968. Primera edición en español (Traducción de Aitana Alberti), México, D. F., Biblioteca Era, 1972. Detallado estudio de la vida y la obra de Lorca por una amiga suya. Señala la importancia de la raigambre andaluza en *Bodas de sangre*, *Yerma* y *La casa de Bernarda Alba*.

BAREA, Arturo, *Lorca, el poeta y su pueblo*, Buenos Aires, Losada, 1956. En el capítulo dedicado a *Yerma*, *La casa de Bernarda Alba* y *Bodas de sangre*, dice que el lenguaje de ésta es el lírico del poeta, «pero las imágenes vienen de la manera de hablar del pueblo de la Andalucía rural en sus momentos emocionales, describiendo sus pasiones y sus pensamientos informes en metáforas crípticas, ancestrales, como fórmulas mágicas» (pág. 43).

BERENGUER CARISOMO, Arturo, *Las máscaras de Federico García Lorca*, Buenos Aires, Editorial Universitaria de Buenos Aires, 1969, 2.ª ed. corregida y aumentada. Análisis e interpretación de la obra lorquiana. Bajo el epígrafe «Tragedia de la carne morena» estudia *Bodas de sangre* de la que dice «es una pieza básica del teatro contemporáneo; lo es mucho más si se tiene en cuenta su radical sustancia española, ya no solamente regional, sino nacional, histórica; la sostiene por dentro de sus criaturas un vigoroso sentido de honradez y limpieza de sangre y estamos, entonces, nuevamente, con el Lorca epígono de una fuerte tradición» (pág. 120).

COLECCHIA, Francesca (editor), *García Lorca: A Selectively Annotated Bibliography of Criticism*, Nueva York y Londres, Garland Publishing, Inc., 1979. Segundo volumen: *García Lorca— An Annotated Primary Bibliography*, Garland Publishing, Inc., Nueva York y Londres, 1980. La más completa colección de crítica lorquiana publicada hasta hoy. Los dos volúmenes cubren 3.162 títulos.

CORREA, Gustavo, *La poesía mítica de Federico García Lorca*, Madrid, Gredos, 1970. Publicado originalmente en 1957 por la University of Oregon Press, es uno de los primeros estudios sobre los aspectos míticos de la poesía de Lorca. El capítulo III, *«Bodas de sangre»*, contiene un interesante análisis de los símbolos de esta obra.

COUFFON, Claude, *Granada y García Lorca* (traducción de Bernard Kordon), Buenos Aires, Losada, 1967. Narración de varias etapas de la vida de Lorca. Contiene interesantes entrevistas con familiares del autor.

DE LA GUARDIA, Alfredo, *García Lorca, persona y creación*, Buenos Aires, Schapire, 4.ª ed., 1961. Contemporáneo y amigo de Lorca. Su libro aporta información de primera mano y hace un análisis de lo que la obra teatral hubiese podido llegar a ser. Bajo el título «El drama de la maternidad vencida», dedica un inteligente estudio a *Bodas de sangre* de la que dice «perdurará como el poema dramático más bello escrito en España desde que se extinguió la luz del Siglo de Oro, el poema que restauró en su tradición legítima al extraviado teatro español» (pág. 347).

DE ZULETA, Emilia, *Cinco poetas españoles: (Salinas, Guillén, Lorca, Alberti, Cernuda)*, Madrid, Gredos, 1971. Aunque el capítulo dedicado a Lorca no tiene el propósito de hacer un estudio del teatro, contiene interesantes comentarios sobre *Bodas de sangre* bajo el epígrafe «Relación entre la poesía y el teatro de Lorca».

DÍAZ PLAJA, Guillermo, *Federico García Lorca*, Madrid, Espasa-Calpe, Colección Austral, 3.ª ed., 1961. Bien organizado estudio general de la poesía y el teatro lorquianos. Refiriéndose a *Bodas de sangre* dice que Lorca «lo supedita todo a la eficacia verbal. Su lenguaje es dramáticamente conciso, cargado de esencias, lacónico. Con ello recoge el espíritu de lo rural, poco amigo de circunloquios, tan distinto de como nos lo presentan ciertos costumbristas» (pág. 206).

DURÁN, Manuel (editor), *Lorca. A Collection of Critical Essays*, Englewood Cliffs, New Jersey, Prentice-Hall Inc., 1962. Edición de importantes artículos tempranos sobre la obra de Lorca con una introducción que analiza algunos aspectos de la vida y la obra del poeta y dramaturgo granadino.

EDWARDS, Gwynne, *El teatro de Federico García Lorca*, Madrid, Gredos, 1983. Es la versión española de *Lorca: The Theatre Beneath the Sand*. Contiene un extenso estudio de *Bodas de sangre*.

GARCÍA LORCA, Francisco, *Federico y su mundo*, Madrid, Alianza, 1980. Libro póstumo del hermano del poeta, indispensable para el estudio de la obra y de la vida de Federico García Lorca.

— *Three Tragedies of Federico García Lorca*, Nueva York, New Directions, 1955. Contiene la traducción al inglés de *Bodas de sangre*, *Yerma* y *La casa de Bernarda Alba*. Su prólogo es un estudio clásico del teatro lorquiano, donde se analiza no sólo el procedimiento sino los temas, personajes y situaciones de sus obras más representativas.

GARCÍA-POSADA, Miguel, *Federico García Lorca*, Madrid, EDAF, 1970. Es una introducción sistemática a la obra de Federico García Lorca.

GIL, Ildefonso-Manuel (editor), *Federico García Lorca. El escritor y la crítica*, Madrid, Taurus, 1973. Es una colección de importantes ensayos de varios críticos. En el prólogo del profesor Gil hay interesantes observaciones sobre el diálogo en la obra teatral de Lorca.

GONZÁLEZ DEL VALLE, Luis, *La tragedia en el teatro de Unamuno, Valle-Inclán y García Lorca*, Nueva York, Eliseo Torres and Sons, 1975. Considera *Bodas de sangre* como una pieza que tiene características que provienen de la tradición griega y que guarda, además, estrecha relación con el patrón mandeliano de la tragedia.

HERNÁNDEZ, Mario (editor), Federico García Lorca, *Bodas de sangre*, Madrid, Alianza Editorial, 1984. Edición de *Bodas de sangre* con interesante introducción, rica en información periodística.

HONIG, Edwin, *García Lorca*, Norfolk, Connecticut, New Directions Books, 1944. Edición en castellano, Barcelona, Laia, 1974 (Traducción de Ignacio Arvizu Despujol). Temprano pero acertado estudio sobre muchos aspectos de la poesía y el teatro de Lorca. Analiza la fuerza de la mujer en lo que llama drama popular lorquiano. *Bodas de sangre* es estudiada bajo el capítulo «La mujer en la escena».

LAFFRANQUE, Marie, *Federico García Lorca*, París, Editions Seghers, 1966. Importante análisis cronológico de la obra de Lorca. Bajo el capítulo «Deux Tragedies: *Noces de Sang, Yerma*» hace un estudio de *Bodas de sangre*.

—*Les idées esthetiques de Federico García Lorca*, París, Centre de Recherches Hispaniques, 1967. Importante estudio sobre las bases estéticas de Lorca.

MARTÍNEZ NADAL, Rafael, *El público. Amor, teatro y caballos en la obra de Federico García Lorca*, Oxford, The Dolphin Book Company Ltd., 1970. La espléndida y exhaustiva explicación del símbolo del caballo que hace Martínez Nadal es muy importante para el estudio de *Bodas de sangre*.

MONLEÓN, JOSÉ, *García Lorca. Vida y obra de un poeta*, Barcelona, Aymá, 1970. Libro de carácter general pero muy sugerente. Aunque es de poca extensión, contiene acertadísimos juicios sobre el teatro y la poesía lorquianos. Es una penetrante y valiosa interpretación crítica de la personalidad y de la obra de Lorca.

MORLA LYNCH, Carlos, *En España con Federico García Lorca. (Páginas de un diario íntimo. 1928-1936)*, Madrid, Aguilar, 1959. Impresiones sobre la vida y la obra, con detallados informes sobre amistades, incidentes, y conversaciones de Lorca. Incluye interesantes reseñas de las lecturas que Lorca hizo de *Así que pasen cinco años, Yerma, La casa de Bernarda Alba* y *Bodas de sangre*. En las notas dedicadas a esta última recoge emocionantes momentos del día del estreno en Madrid.

MORRIS, C. B., *García Lorca: Bodas de sangre*, Londres, Grant & Cutler Ltd., 1980. Guía crítica dedicada a lectores estudiantiles de *Bodas de sangre*.

PÉREZ MINIK, Domingo, *Debates sobre el teatro español contemporáneo*, Santa Cruz de Tenerife, Goya Ediciones, 1953. Contiene un interesante capítulo titulado «García Lorca o el mito trágico» donde se refiere a cuán distinta es *Bodas de sangre* de la tragedia de Esquilo, de la comedia española y del drama naturalista.

RODRIGO, Antonina, *García Lorca en Cataluña*, Barcelona, Planeta, 1975. Libro bien documentado sobre las visitas de Lorca a Cataluña que contiene, entre otros detalles de valor, interesante información sobre el segundo «estreno» de *Bodas de sangre* en Barcelona.

RUIZ RAMÓN, Francisco, *Historia del teatro español. Siglo XX* (2.ª ed. muy ampliada), Madrid, Ediciones Cátedra, 1975. Enciclopédico e inteligente estudio. Designa como polos fundamentales de la estructura dramática lorquiana, los principios de autoridad y de libertad y afirma que «el teatro lorquiano es un teatro poético, como lo es, cada uno en su nivel, el teatro de Lope de Vega o de Shakespeare». Bajo el epígrafe «Trilogía dramática de la tierra española» dedica un interesante estudio a *Bodas de sangre*.

SALINAS, Pedro, *Literatura Española, Siglo XX*, México, D. F., Editorial Séneca, 1941. En el capítulo «Dramatismo y teatro de Federico García Lorca» califica *Bodas de sangre* como tragedia popular «porque da materialidad, realización dramática y categoría de gran arte a un concepto de la vida humana urdido a lo largo del tiempo en las entrañas del pueblo, y tradicionalmente conservado y vivo en él: la fatalidad humana» (pág. 300). Contiene un interesante análisis de la relación entre los temas de *Bodas de sangre* y la poesía del *Romancero gitano*.

SÁNCHEZ, Roberto G., *García Lorca: estudio sobre su teatro*, Madrid, Ediciones Jura, 1950. Señala la estrecha relación entre la poesía y el drama de Lorca y analiza su técnica dramática. En el capítulo dedicado a *Bodas de sangre* se refiere a la interesante relación entre esta obra y el *Romancero gitano*. «*Bodas de sangre* —dice— es el *Romancero gitano* hecho realidad teatral» (pág. 54).

SMOOT, Jean, *A Comparison of Plays by Fohn Millington Synge and Federico García Lorca: The Poets and Time*, Madrid, José Porrúa Turanzas, S. A., 1978. Las más completa exégesis comparativa de los dos autores. El capítulo tercero estudia comparativamente *Riders to the Sea* y *Bodas de sangre*.

ARTÍCULOS

ÁLVAREZ-ALTMAN, Grace, «*Blood Wedding*: A Literary Onomastic Interpretation», *García Lorca Review*, vol. VIII, núm. 1 (1980), páginas 60-72. Sugerentes comentarios onomásticos sobre *Bodas de sangre*.

BURTON, Julianne, «The Greatest Punishment: Female and Male in Lorca's Tragedies» en Beth Miller (ed.), *Women in Hispanic Literature: Icons and Fallen Idols*, Los Ángeles, University of California

Press, 1983, págs. 259-279. Analiza la situación social de la mujer en las obras de Lorca y contiene interesantes comentarios sobre *Bodas de sangre*.

CARBONELL BASSET, Delfín, «Tres dramas existenciales de F. García Lorca», *Cuadernos Hispanoamericanos*, vol. LXIV, núm. 190 (1965), págs. 118-130. Interesante comparación entre el filósofo Martin Heidegger y Federico García Lorca. Los personajes dramáticos de Lorca son, a su entender «dos utópicos seres auténticos de que nos habla el filósofo alemán en su *Ser y Tiempo*» (pág. 119).

CHICA-SALAS, Susan, «Synge y García Lorca: aproximación de dos mundos poéticos», *Revista Hispánica Moderna*, vol. XXVII, núm. 2 (abril de 1961), págs. 128-137. Compara al dramaturgo irlandés John Millington Synge con García Lorca y analiza similitudes entre *Riders to the Sea* y *Bodas de sangre*. «Synge encarnó el genio irlandés —dice— del mismo modo que García Lorca representó el genio español, y lo hicieron en su capacidad dramática de vida, en su compleja y elaborada sencillez. El genio irlandés es intuitivo: puede tener una súbita percepción de la raíz de las cosas y expresarlas en palabras iluminadoras. En esta cualidad sobresalió espléndidamente Lorca» (pág. 137).

DIEGO, Gerardo, «El teatro musical de Federico García Lorca», *El Imparcial*, Madrid, 16 de abril de 1933. Dice que «la superioridad de Federico García Lorca sobre cuantos han intentado en la España contemporánea el teatro poético, estriba en esa su cualidad de artista integral: poeta, plástico y músico».

FEITO, Francisco E., «Synge y Lorca: de *Riders to the Sea* a *Bodas de sangre*», *García Lorca Review*, vol. IX, núms. 1 y 2 (1981) págs. 144-152. Reseña sucintamente la crítica que se ha ocupado de comparar estos autores y señala varios de los vínculos de afinidad entre las dos obras.

GASKELL, Ronald, «Theme and Form: Lorca's *Blood Wedding*», *Modern Drama*, vol. V, núm. 4 (febrero de 1963), págs. 431-439. Compara el lenguaje en varias de las obras teatrales de Lorca y analiza la forma de expresión que el autor logró en *Bodas de sangre*.

GONZÁLEZ DEL VALLE, Luis, «*Bodas de sangre* y sus elementos trágicos», *Archivum*, vol. XXI (enero de 1971), págs. 95-120. Analiza la obra a través de sus elementos trágicos aristotélicos.

HALLIBURTON, Charles Lloyd, «García Lorca, the Tragedian: An Aristotelian Analysis of *Bodas de sangre*», *Revista de Estudios Hispánicos*, vol. 2 (1968), págs. 35-40. Otro análisis de la obra a través de sus elementos trágicos aristotélicos.

HUTMAN, Norma Louise, «Inside the Circle: On Re-reading *Blood Wedding*», *Modern Drama*, vol. XVI, núms. 3-4 (1973), págs. 329-336.

Comenta que en *Bodas de sangre* todo es narrado y que la obra carece de acción. Compara la obra con una flor que en vez de abrirse se cierra, sellando en su interior las vidas de la Novia, la Madre y la mujer de Leonardo, frustradas por la imposibilidad de tener descendencia.

LEONARDIA, Amiel Y., «García Lorca's Theatre Art», *Silliman Journal*, vol. 15, núm. 2 (1968), págs. 190-216. Comprende un análisis de *La casa de Bernarda Álba, Yerma y Bodas de sangre*. Analiza ésta como imitación de una acción y señala sus elementos de tragedia griega.

LOUGHRAN, David K., «Lorca, Lope, and the Idea of a National Theater: *Bodas de sangre* and *El caballero de Olmedo*», *García Lorca Review*, vol. III, núm. 2 (1980), págs. 127-136. Analiza puntos de relación entre *El caballero de Olmedo* de Lope de Vega y *Bodas de sangre*.

MAURER, Christopher, «Bach y *Bodas de sangre*» en *Lorca, Fifty Years After; Essays on Lorca's Life and Poetry*», Washington, D. C., George Mason University Press, en prensa. Acertado análisis de la presencia de Bach en *Bodas de sangre*. Afirma que la mañana de la boda recuerda estructuralmente la Cantata 140. El artículo contiene, además, notas muy interesantes sobre el empleo de la música en la representación neoyorquina.

NONOYAMA, Minako, «Vida y muerte en *Bodas de sangre*», *Arbor*, vol. LXXXIII (1972), págs. 307-315. Se refiere a los personajes femeninos de Lorca y a los temas de la maternidad, la fertilidad y la muerte.

OLIVER, William I., «The Trouble with Lorca», *Modern Drama*, volumen VII, núm. 1 (mayo de 1964), págs. 2-15. Trata de encontrar defectos y deficiencias en las obras de Lorca y considera que haber agregado al final de *Bodas de sangre* la sección del «cuchillo» es temáticamente engañoso.

PALLEY, Julian, «Archetypal Symbols in *Bodas de sangre*», *Hispania*, vol. I (1967), págs. 74-79. Interesante artículo que señala la función unificadora que tienen los símbolos arquetípicos en *Bodas de sangre*.

PEERS, E. Allison, «Aspects of the Art of García Lorca», *Bulletin of Spanish Studies*, vol. XXI, núm. 81 (1944), págs. 17-22. Cree que *Bodas de sangre* es una de las obras maestras de este siglo y dice que es requisito para apreciarla en todo su valor, conocer el temperamento andaluz.

PEREZ MARCHAND, Monelisa Una, «Apuntes sobre el concepto de la tragedia en la obra dramática de García Lorca», *Asomante*, vol. 4 (1948), págs. 86-96. Señala diferencias entre la tragedia de García Lorca y la tragedia clásica y se refiere a su fundamental tema de la muerte.

REMEY, Paul, «Le chromatisme dans *Bodas de sangre* de Federico García Lorca», *Romanica Gandensia*, vol. X (1965), págs. 43-79. Analiza la correlación entre los colores empleados y las emociones en *Bodas de sangre*.

RILEY, Edward C., «Sobre *Bodas de sangre*», *Clavileño*, vol. II, núm. 7 (1951), págs. 8-12. Consideraciones sobre el amor, la culpa, el honor y la fatalidad en *Bodas de sangre*.

ROMERO, Héctor, «Hacia un concepto sobre el personaje trágico en *Bodas de sangre*», *García Lorca Review*, vol. X, núms. 1 y 2 (1982), págs. 50-61. Este estudio sugiere que tanto la Novia como la Madre ocupan el centro del foco trágico. «Si bien es la Novia quien inicia la acción dramática —dice—, es la Madre quien determina el desenlace trágico» (pág. 53).

SOUFAS, Christopher C., «Interpretation in/of *Bodas de sangre*», *García Lorca Review*, vol. XI, núms. 1 y 2 (1983), págs. 53-74. Bien documentado ensayo de interpretación de *Bodas de sangre*, desde la perspectiva que ofrece el film de Carlos Saura y Antonio Gades.

THOMAS, Michael D., «Lenguaje poético y caracterización en tres dramas de Federico García Lorca», *Revista de Estudios Hispánicos*, vol. 12 (1978), págs. 373-397. Señala cómo en *Bodas de sangre* el lenguaje poético enriquece e intensifica la acción y la caracterización de los personajes principales.

TIMM, John T. H., «Some Critical Observations on García Lorca's *Bodas de sangre*», *Revista de Estudios Hispánicos*, vol. 7, núm. 2 (mayo 1973), págs. 255-288. Artículo de considerable extensión que estudia, entre otros aspectos de la obra, sus elementos de tragedia, la ironía, la tensión dramática, la caracterización de los personajes y el lenguaje. Concluye diciendo que *Bodas de sangre*, por combinar lo clásico, lo tradicional español y la unicidad de García Lorca, es una obra clásica.

TOUSTER, Eva K., «Thematic Patterns in Lorca's *Blood Wedding*», *Modern Drama*, vol. VII (1964), págs. 16-27. Un análisis de las principales figuras literarias en *Bodas de sangre*.

VILLEGAS, Juan, «El *leitmotiv* del caballo en *Bodas de sangre*», *Hispanófila*. vol. XXIX (enero de 1967), págs. 21-36. Considera que la función de este símbolo «es caracterizar indirectamente a Leonardo y mostrar una dimensión del ser que habría perdido su potencia alusiva si se hubiese entregado por medio de una descripción coherente y lógica» (pág. 35).

YOUNG, Stark, «Spanish Plays», *The New Republic*, Washington, D.C., 11 de febrero de 1935. Reproducido en Stark Young, *Im-*

mortal Shadows, Nueva York, Hill and Wang, Inc., 1959, pág. 157. La más inteligente y mejor reseña norteamericana de la representación de *Bodas de sangre* en Nueva York.

ZIMBARDO, R. A., «The Mythic Pattern in Lorca's *Blood Wedding*», *Modern Drama,* X, págs. 364-371. Examina en breve los elementos arquetípicos de *Bodas de sangre* desde el punto de vista de símbolos y mitos prearistotélicos.

Bodas de sangre

Tragedia en tres actos y siete cuadros

PERSONAJES[1]

LA MADRE.
LA NOVIA.
LA SUEGRA.
LA MUJER DE LEONARDO.
LA CRIADA.
LA VECINA.
MUCHACHAS.
LEONARDO[2].
EL NOVIO.
EL PADRE DE LA NOVIA.
LA LUNA.
LA MUERTE *(como mendiga)*[3].
LEÑADORES.
MOZOS.

---

[1] Véase el artículo de Grace Alvarez-Altman, «*Blood Wedding*: A Literary Onomastic Interpretation», *García Lorca Review,* vol. VIII, núm. 1 (1980), páginas 60-72, sobre el significado de los nombres de los personajes.

[2] Leonardo es el único personaje con nombre propio. Parece una deformación del hombre latino del león: *Felis leo.*

[3] Aunque en la acotación que introduce este personaje, Lorca escribió: «Este personaje no figura en el reparto», sí figuró en los programas de los estrenos en Madrid y Buenos Aires (cfr. Hernández, págs. 217-219).

Acto primero

CUADRO PRIMERO

Habitación pintada de amarillo

NOVIO *(entrando)*. Madre.

MADRE. ¿Qué?

NOVIO. Me voy.

MADRE. ¿Adónde?

NOVIO. A la viña. *(Va a salir.)*

MADRE. Espera.

NOVIO. ¿Quiere algo?[4]

MADRE. Hijo, el almuerzo.

NOVIO. Déjelo. Comeré uvas. Deme la navaja[5].

MADRE. ¿Para qué?

NOVIO *(riendo)*. Para cortarlas.

MADRE *(entre dientes y buscándola)*. La navaja, la navaja... Maldita sean todas y el bribón que las inventó[6].

---

[4] y [5] Estas dos frases aparecen en las ediciones de Cruz y Raya, Alianza y Aguilar con el uso de tuteo:

> ¿*Quieres algo?*
> ...
> ... *Dame la navaja.*

Creemos que la forma correcta es como aparece aquí, siguiendo la versión de Losada, ya que el tratamiento de usted que el hijo usa con la Madre es continuo en toda la obra, y además porque hasta hace muy poco tiempo esta era la forma habitual de tratamiento en el medio rural español.

[6] Empieza desde el principio esta insistencia en la navaja, el cuchillo y el puñal, que será constante en la obra.

95

NOVIO. Vamos a otro asunto.

MADRE. Y las escopetas y las pistolas y el cuchillo más pequeño, y hasta las azadas y los bieldos de la era.

NOVIO. Bueno.

MADRE. Todo lo que puede cortar el cuerpo de un hombre. Un hombre hermoso, con su flor en la boca, que sale a !as viñas o va a sus olivos propios, porque son de él, heredados...[7]

NOVIO *(bajando la cabeza)*. Calle usted.

MADRE ...y ese hombre no vuelve. O si vuelve es para ponerle una palma encima o un plato de sal gorda para que no se hinche. No sé cómo te atreves a llevar una navaja en tu cuerpo, ni cómo yo dejo a la serpiente dentro del arcón[8].

NOVIO. ¿Está bueno ya?

MADRE. Cien años que yo viviera, no hablaría de otra cosa. Primero tu padre; que me olía a clavel y lo disfruté tres años escasos[9]. Luego tu hermano. ¿Y es justo y puede ser que cosa pequeña como una pistola o una navaja pueda acabar con un hombre, que es un toro? No callaría nunca. Pasan los meses y la desesperación me pica en los ojos y hasta en las puntas del pelo[10].

NOVIO *(fuerte)*. ¿Vamos a acabar?

MADRE. No. No vamos a acabar. ¿Me puede alguien traer a tu padre? ¿Y a tu hermano? Y luego el presidio. ¿Qué es

---

[7] Imágenes florales como éstas, tan frecuentemente usadas por Lorca, se repiten a lo largo de toda la obra.

[8] Toda mención de serpiente o culebra en Andalucía es de mal agüero.

[9] El número 3 puede ser una prefiguración del triángulo Leonardo-Novia-Novio. Aparece frecuentemente en la obra. Leonardo viene a casa de la Novia a las tres de la madrugada; Leonardo y la Novia tuvieron relaciones durante tres años; entre las dos y las tres se mataron Leonardo y el Novio («en un día señalado, entre las dos y las tres»); la Madre y su marido estuvieron «tres años escasos» juntos, y hay tres Leñadores como las tres Parcas de la mitología griega. Cfr. el estudio de C. B. Morris, págs. 20-21.

[10] La muerte violenta de su marido y del hermano del Novio, en los comentarios amargados de la Madre anticipan la muerte del Novio y crean en la obra un clima de violencia palpable e inevitable. La referencia al hombre como un toro es natural como referencia a su fuerza, pero en esta obra tan sangrienta y tan sacrificial, es inevitable la comparación con el toro de lidia que ha de morir. En la romería de *Yerma* el verso «los maridos son toros» es una comparación directa y malintencionada con el toro de lidia.

el presidio? ¡Allí comen, allí fuman, allí tocan los instrumentos! Mis muertos llenos de hierba[11], sin hablar, hechos polvo; dos hombres que eran dos geranios... Los matadores, en presidio, frescos, viendo los montes...

NOVIO. ¿Es que quiere usted que los mate?

MADRE. No... Si hablo es porque... ¿Cómo no voy a hablar viéndote salir por esa puerta? Es que no me gusta que lleves navaja. Es que... que no quisiera que salieras al campo.

NOVIO (riendo). ¡Vamos!

MADRE. Que me gustaría que fueras una mujer. No te irías al arroyo ahora y bordaríamos las dos cenefas y perritos de lana.

NOVIO (Coge de un brazo a la MADRE y ríe). Madre, ¿y si yo la llevara conmigo a las viñas?

MADRE. ¿Qué hace en las viñas una vieja? ¿Me ibas a meter debajo de los pámpanos?

NOVIO (levántandola en sus brazos). Vieja, revieja, requetevieja.

MADRE. Tu padre sí que me llevaba. Eso es buena casta[12]. Sangre. Tu abuelo dejó un hijo en cada esquina. Eso me gusta. Los hombres, hombres; el trigo, trigo.

NOVIO. ¿Y yo, madre?

MADRE. ¿Tú, qué?

NOVIO. ¿Necesito decírselo otra vez?

MADRE (seria). ¡Ah!

NOVIO. ¿Es que le hace mal?

MADRE. No.

NOVIO. ¿Entonces?

MADRE. No lo sé yo misma. Así, de pronto, siempre me sorprende. Yo sé que la muchacha es buena. ¿Verdad que sí?

---

[11] La hierba o las hierbas se asocian insistentemente con la muerte en la obra de Lorca. Véase como ejemplo el poema «Omega» que se subtitula «(Poema para muertos)», que termina con este grito: «¡¡Las hierbaaas!!»

[12] Nótese que sangre y casta se igualan. Para ella la de los suyos es «buena» y la de los Félix es «mala». Pero los Leñadores, al hablar del Novio, se refieren a la fatalidad de su casta, de «su casta de muertos en mitad de la calle», y «el sino de su casta», sino que recuerda también a personajes de la obra poética de Lorca como Antoñito el Camborio del romance «Muerte de Antoñito el Camborio», y el anónimo muerto del poema «Sorpresa»:

> Muerto se quedó en la calle
> con un puñal en el pecho.

Modosa. Trabajadora. Amasa su pan y cose sus faldas, y siento, sin embargo, cuando la nombro, como si me dieran una pedrada en la frente[13].

NOVIO. Tonterías.

MADRE. Más que tonterías. Es que me quedo sola. Ya no me quedas más que tú y siento que te vayas.

NOVIO. Pero usted vendrá con nosotros.

MADRE. No. Yo no puedo dejar aquí solos a tu padre y a tu hermano. Tengo que ir todas las mañanas, y si me voy es fácil que muera uno de los Félix, uno de familia de los matadores, y lo entierren al lado. ¡Y eso si que no! ¡Ca! ¡Eso si que no! Porque con las uñas los desentierro y yo sola los machaco contra la tapia[14].

NOVIO *(fuerte)*. Vuelta otra vez.

MADRE. Perdóname. *(Pausa.)* ¿Cuánto tiempo llevas en relaciones?

NOVIO. Tres años. Ya pude comprar la viña.

MADRE. Tres años. ¿Ella tuvo un novio, no?

NOVIO. No sé. Creo que no. Las muchachas tienen que mirar con quién se casan.

MADRE. Sí. Yo no miré a nadie. Miré a tu padre, y cuando lo mataron miré a la pared de enfrente[15]. Una mujer con un hombre, y ya está[16].

---

[13] Este tipo de lenguaje figurado se da mucho en Andalucía. Lorca opera sobre esta base poética popular para crear una serie de imágenes propias en *Bodas de sangre* y en toda su obra. Véase la discusión de este lenguaje andaluz lorquiano en la cuarta parte de nuestra introducción a *La casa de Bernarda Alba*, Madrid, Cátedra, 1984.

[14] Aunque debería usarse aquí el pronombre personal de tercera persona singular *lo*, ya que se refiere a «uno de los Félix, uno de la familia de los matadores», reproducimos el parlamento tal como aparece en todas las ediciones anteriores.

[15] Anticipa lo que dirá la Madre al final de la obra: «La tierra y yo. Mi llanto y yo. Y estas cuatro paredes. ¡Ay! ¡Ay!»

[16] Expresión de la moral cerrada del campo andaluz, moral que se romperá del todo a la huida de la Novia con Leonardo. Esta moral cerrada es típica en las obras de Lorca, sobre todo en *La casa de Bernarda Alba*. Sobre la moral del pueblo andaluz, cfr. Julian Pitt-Rivers, que la compara con la moral y el sentido de «comunidad» de la antigua *polis* griega y hasta con «tribus primitivas», *passim*, y especialmente págs. 30-31.

NOVIO. Usted sabe que mi novia es buena.

MADRE. No lo dudo. De todos modos siento no saber cómo fue su madre.

NOVIO. ¿Qué más da?

MADRE *(mirándolo)*. Hijo.

NOVIO. ¿Qué quiere usted?[17].

MADRE. ¡Que es verdad! ¡Que tienes razón! ¿Cuándo quieres que la pida?

NOVIO *(alegre)*. ¿Le parece bien el domingo?

MADRE *(seria)*. Le llevaré los pendientes de azófar, que son antiguos, y tú le compras...

NOVIO. Usted entiende más...

MADRE. Le compras unas medias caladas, y para ti dos trajes... ¡Tres! ¡No te tengo más que a ti!

NOVIO. Me voy. Mañana iré a verla.

MADRE. Sí, sí, y a ver si me alegras con seis nietos, o los que te dé la gana, ya que tu padre no tuvo lugar de hacérmelos a mí.

NOVIO. El primero para usted.

MADRE. Sí, pero que haya niñas. Que yo quiero bordar y hacer encaje y estar tranquila.

NOVIO. Estoy seguro de que usted querrá a mi novia.

MADRE. La querré. *(Se dirige a besarlo y reacciona.)* Anda, ya estás muy grande para besos. Se los das a tu mujer. *(Pausa. Aparte.)* Cuando lo sea.

NOVIO. Me voy.

MADRE. Que caves bien la parte del molinillo, que la tienes descuidada.

NOVIO. ¡Lo dicho!

MADRE. Anda con Dios. *(Vase el* NOVIO. *La* MADRE *queda sentada de espaldas a la puerta. Aparece en la puerta una* VECINA *vestida de color oscuro, con pañuelo a la cabeza.)* Pasa.

VECINA. ¿Cómo estás?

MADRE. Ya ves.

---

[17] La edición de Alianza cambia esta frase a *¿Qué quiere decir?* sin dar ninguna explicación. Hemos decidido por lo tanto respetar aquí las versiones de Cruz y Raya, Losada y Aguilar porque consideramos, además, que la pregunta se ajusta perfectamente al habla campesina de Andalucía.

VECINA. Yo bajé a la tienda y vine a verte. ¡Vivimos tan lejos![18].

MADRE. Hace veinte años que no he subido a lo alto de la calle.

VECINA. Tú estás bien.

MADRE. ¿Lo crees?

VECINA. Las cosas pasan. Hace dos días trajeron al hijo de mi vecina con los dos brazos cortados por la máquina[19]. *(Se sienta)*.

MADRE. ¿A Rafael?

VECINA. Sí. Y allí lo tienes. Muchas veces pienso que tu hijo y el mío están mejor donde están, dormidos, descansando, que no expuestos a quedarse inútiles[20].

MADRE. Calla. Todo eso son invenciones, pero no consuelos.

VECINA. ¡Ay!

MADRE. ¡Ay! *(Pausa)*

VECINA *(triste)*. ¿Y tu hijo?

MADRE. Salió.

VECINA. ¡Al fin compró la viña!

MADRE. Tuvo suerte.

VECINA. Ahora se casará.

MADRE *(Como despertando y acercando su silla a la silla de la VECINA)*. Oye.

VECINA *(en plan confidencial)*. Dime.

MADRE. ¿Tú conoces a la novia de mi hijo?

VECINA. ¡Buena muchacha!

MADRE. Sí, pero...

VECINA. Pero quien la conozca a fondo no hay nadie. Vive sola con su padre allí, tan lejos, a diez leguas de la casa más cerca. Pero es buena. Acostumbrada a la soledad.

---

[18] La lejanía es un elemento que emplea Lorca a lo largo de *Bodas de sangre*. El viaje de la casa de la Madre, a la de la Novia es de cuatro horas. Y como dirá la Vecina un poco después, la casa de la Novia está «a diez leguas de la casa más cercana».

[19] La edición de Alianza elimina la palabra *dos*. Respetamos aquí los textos de Losada, Cruz y Raya y Aguilar, porque creemos que la frase de la Vecina *«con los dos brazos cortados por la máquina»* da énfasis preparatorio para su frase subsecuente que establece que Rafael se quedó inútil.

[20] Otra expresión del énfasis constante en la muerte. Presagia y subraya el fatalismo de la obra.

100

MADRE. ¿Y su madre?

VECINA. A su madre la conocí. Hermosa. Le relucía la cara como a un santo; pero a mí no me gustó nunca. No quería a su marido.

MADRE *(fuerte)*. Pero ¡cuántas cosas sabéis de las gentes!

VECINA. Perdona. No quise ofender; pero es verdad. Ahora, si fue decente o no, nadie lo dijo. De esto no se ha hablado. Ella era orgullosa.

MADRE. ¡Siempre igual!

VECINA. Tú me preguntaste.

MADRE. Es que quisiera que ni a la viva ni a la muerta las conociera nadie. Que fueran como dos cardos, que ninguna persona les nombra y pinchan si llega el momento.

VECINA. Tienes razón. Tu hijo vale mucho.

MADRE. Vale. Por eso lo cuido. A mí me habían dicho que la muchacha tuvo novio hace tiempo.

VECINA. Tendría ella quince años. Él se casó ya hace dos años, con una prima de ella, por cierto. Nadie se acuerda del noviazgo.

MADRE. ¿Cómo te acuerdas tú?

VECINA. ¡Me haces unas preguntas!

MADRE. A cada uno le gusta enterarse de lo que le duele. ¿Quién fue el novio?

VECINA. Leonardo.

MADRE. ¿Qué Leonardo?

VECINA. Leonardo el de los Félix.

MADRE *(levantándose)*. ¡De los Félix!

VECINA. Mujer, ¿qué culpa tiene Leonardo de nada? Él tenía ocho años cuando las cuestiones.

MADRE. Es verdad... Pero oigo eso de Félix y es lo mismo *(entre dientes)* Félix que llenárseme de cieno la boca *(escupe)* y tengo que escupir, tengo que escupir por no matar[21].

VECINA. Repórtate; ¿qué sacas con esto?

---

[21] Otro empleo de ese lenguaje poético cargado de amargura en la Madre, que viene a reforzar el sentido de odio que existe entre la familia de la Madre y la de Leonardo. La comparación con *Romeo y Julieta,* aunque no es un caso idéntico, es inevitable por el odio entre familias. Recuérdese también que una representación de *Romeo y Julieta* figura prominentemente en *El público.* Véase el estudio de Rafael Martínez Nadal, sobre *El público.*

MADRE. Nada. Pero tú lo comprendes.

VECINA. No te opongas a la felicidad de tu hijo. No le digas nada. Tú estás vieja. Yo también. A ti y a mí nos toca callar.

MADRE. No le diré nada.

VECINA *(besándola)*. Nada.

MADRE *(serena)*. ¡Las cosas!...

VECINA. Me voy, que pronto llegará mi gente del campo.

MADRE. ¿Has visto qué día de calor?

VECINA. Iban negros los chiquillos que llevan el agua a los segadores. Adiós mujer.

MADRE. Adiós.

(La MADRE *se dirige a la puerta de la izquierda. En medio del camino se detiene y lentamente se santigua.)*

TELÓN

CUADRO SEGUNDO

Habitación pintada de rosa con cobres y ramos de flores populares. En el centro, una mesa con mantel. Es la mañana.

*(*SUEGRA *de* LEONARDO *con un niño en brazos. Lo mece. La* MUJER *en la otra esquina, hace punto de media.)*

SUEGRA.
    Nana, niño, nana[22]
    del caballo grande

---

[22] Esta nana la inventó Lorca sobre una nana muy popular de Granada. Recuerda Marcelle Auclair haber visto a Lorca poco antes de escribir *Bodas de sangre* «ensimismado, repitiendo una y otra vez cuatro versos de una nana andaluza:

    A la nana, nana, nana,
    a la nanita de aquel
    que llevó el caballo al agua
    y lo dejó sin beber...

¿Este hombre, era un loco o un poeta?, preguntaba Lorca» (págs. 267-268).
    Véase también todo el ensayo bellísimo de Lorca «Las nanas infantiles» (I, 1073-1091), para la importancia poética de las nanas.

que no quiso el agua.
El agua era negra
dentro de las ramas.
Cuando llega al puente
se detiene y canta.
¿Quién dirá, mi niño,
lo que tiene el agua,
con su larga cola
por su verde sala?

MUJER *(bajo)*.
Duérmete, clavel,
que el caballo no quiere beber.

SUEGRA.
Duérmete, rosal,
que el caballo se pone a llorar.
Las patas heridas,
las crines heladas,
dentro de los ojos
un puñal de plata.
Bajaban al río.
¡Ay, cómo bajaban!
La sangre corría
más fuerte que el agua[23].

MUJER.
Duérmete, clavel,
que el caballo no quiere beber.

SUEGRA.
Duérmete, rosal,
que el caballo se pone a llorar.

MUJER.
No quiso tocar
la orilla mojada

---

[23] Llenos de ironía trágica, estos últimos ocho versos presagian claramente lo que ha de ocurrir en la tragedia. Para un estudio sobre este caballo y el caballo en toda la obra de Lorca, véase el espléndido estudio de Martínez Nadal, *El público*, págs. 193-233.

su belfo caliente
con moscas de plata.
A los montes duros
sólo relinchaba
con el río muerto
sobre la garganta.
¡Ay caballo grande
que no quiso el agua!
¡Ay dolor de nieve,
caballo del alba!

SUEGRA.
¡No vengas! Detente,
cierra la ventana
con ramas de sueños
y sueño de ramas.

MUJER.
Mi niño se duerme.

SUEGRA.
Mi niño se calla.

MUJER.
Caballo, mi niño
tiene una almohada.

SUEGRA.
Su cuna de acero.

MUJER.
Su colcha de holanda.

SUEGRA.
Nana, niño, nana.

MUJER.
¡Ay caballo grande
que no quiso el agua!

SUEGRA.
¡No vengas, no entres!
Vete a la montaña.

> Por los valles grises
> donde está la jaca.

MUJER *(mirando)*.
> Mi niño se duerme.

SUEGRA.
> Mi niño descansa.

MUJER *(bajito)*.
> Duérmete, clavel,
> que el caballo no quiere beber.

SUEGRA *(levantándose y muy bajito)*.
> Duérmete, rosal,
> que el caballo se pone a llorar.

> *(Entran al niño. Entra* LEONARDO.*)*

LEONARDO. ¿Y el niño?

MUJER. Se durmió.

LEONARDO. Ayer no estuvo bien. Lloró por la noche.

MUJER *(alegre)*. Hoy está como una dalia. ¿Y tú? ¿Fuiste a casa del herrador?

LEONARDO. De allí vengo. ¿Querrás creer? Llevo más de dos meses poniendo herraduras nuevas al caballo[24] y siempre se le caen. Por lo visto se las arranca con las piedras.

MUJER. ¿Y no será que lo usas mucho?

LEONARDO. No. Casi no lo utilizo.

MUJER. Ayer me dijeron las vecinas que te habían visto al límite de los llanos.

LEONARDO. ¿Quién lo dijo?

MUJER. Las mujeres que cogen las alcaparras. Por cierto que me sorprendió. ¿Eras tú?

LEONARDO. No. ¿Qué iba a hacer yo allí, en aquel secano?

MUJER. Eso dije. Pero el caballo estaba reventado de sudar.

LEONARDO. ¿Lo viste tú?

MUJER. No. Mi madre.

LEONARDO. ¿Está con el niño?

---

[24] Leonardo se asocia constantemente con el caballo. En esta obra el caballo significa, como tantas veces en la obra de Lorca, el sexo y la muerte.

MUJER. Sí. ¿Quieres un refresco de limón?

LEONARDO. Con el agua bien fría.

MUJER. ¿Cómo no viniste a comer?...

LEONARDO. Estuve con los medidores del trigo. Siempre entretienen.

MUJER *(haciendo el refresco y muy tierna)*. ¿Y lo pagan a buen precio?

LEONARDO. El justo.

MUJER. Me hace falta un vestido y al niño una gorra con lazos.

LEONARDO *(levántandose)*. Voy a verlo.

MUJER. Ten cuidado, que está dormido.

SUEGRA *(saliendo)*. Pero ¿quién da esas carreras al caballo? Está abajo tendido, con los ojos desorbitados como si llegara del fin del mundo[25].

LEONARDO *(agrio)*. Yo.

SUEGRA. Perdona; tuyo es.

MUJER *(tímida)*. Estuvo con los medidores del trigo.

SUEGRA. Por mí, que reviente. *(Se sienta. Pausa.)*

MUJER. El refresco. ¿Está frío?

LEONARDO. Sí.

MUJER. ¿Sabes que piden a mi prima?

LEONARDO. ¿Cuándo?

MUJER. Mañana. La boda será dentro de un mes. Espero que vendrán a invitarnos.

LEONARDO *(serio)*. No sé[26].

SUEGRA. La madre de él creo que no estaba muy satisfecha con el casamiento.

LEONARDO. Y quizá tenga razón. Ella es de cuidado[27].

MUJER. No me gusta que penséis mal de una buena muchacha.

SUEGRA. Pero cuando dice eso es porque la conoce. ¿No ves que fue tres años novia suya? *(Con intención.)*[28]

LEONARDO. Pero la dejé. *(A su* MUJER.*)* ¿Vas a llorar ahora?

---

[25] O como si llegara del «límite de los llanos», donde niega haber estado, o de la casa de la Novia.

[26] Desde la primera noticia de la boda entre la Novia y el Novio, Leonardo se muestra molesto.

[27] Otra prefiguración de lo que pasará: nadie lo sabrá como Leonardo.

[28] Aquí el número 3 se relaciona directamente con el triángulo Leonardo-Novia-Novio.

106

MUJER. ¡Quita! *(Le aparta bruscamente las manos de la cara.)* Vamos a ver al niño.

(Entran abrazados. Aparece la MUCHACHA, *alegre. Entra corriendo.)*

MUCHACHA. Señora.
SUEGRA. ¿Qué pasa?
MUCHACHA. Llegó el novio a la tienda y ha comprado todo lo mejor que había.
SUEGRA. ¿Vino solo?
MUCHACHA. No, con su madre. Seria, alta. *(La imita.)* Pero ¡qué lujo!
SUEGRA. Ellos tienen dinero.
MUCHACHA. ¡Y compraron unas medias caladas!... ¡Ay, qué medias! ¡El sueño de las mujeres en medias! Mire usted: una golondrina aquí *(señala el tobillo)*, un barco aquí *(señala la pantorrilla)*, y aquí una rosa *(señala el muslo.)*[29]
SUEGRA. ¡Niña!
MUCHACHA. ¡Una rosa con las semillas y el tallo! ¡Ay! ¡Todo en seda!
SUEGRA. Se van a juntar dos buenos capitales[30].

(Aparecen LEONARDO *y su* MUJER.)

MUCHACHA. Vengo a deciros lo que están comprando.
LEONARDO *(fuerte)*. No nos importa.
MUJER. Déjala.
SUEGRA. Leonardo, no es para tanto.
MUCHACHA. Usted dispense. *(Se va llorando.)*
SUEGRA. ¿Qué necesidad tienes de ponerte a mal con las gentes?
LEONARDO. No le he preguntado su opinión. *(Se sienta.)*

---

[29] La rosa en el muslo es un claro símbolo sexual. Es tradicional y muy usado por Lorca en su obra poética y en el teatro. Cfr. «la rosa de maravilla» del último verso de la romería de *Yerma* y la imagen central de *Doña Rosita la soltera*.

[30] Las referencias a tener dinero y «buenos capitales» son relativas. Estos campesinos no son muy ricos; tienen que luchar duramente con su medio ambiente que es la tierra.

SUEGRA. Está bien. *(Pausa.)*

MUJER *(a* LEONARDO). ¿Qué te pasa? ¿Qué idea te bulle por dentro de la cabeza? No me dejes así sin saber nada...

LEONARDO. Quita.

MUJER. No. Quiero que me mires y me lo digas.

LEONARDO. Déjame. *(Se levanta.)*

MUJER. ¿Adónde vas, hijo?

LEONARDO *(agrio)*. ¿Te puedes callar?

SUEGRA *(enérgica, a su hija)*. ¡Cállate! *(Sale* LEONARDO) ¡El niño!

(Entra y vuelve a salir con él en brazos. La MUJER *ha permanecido de pie, inmóvil.)*

> Las patas heridas,
> las crines heladas,
> dentro de los ojos
> un puñal de plata.
> Bajaban al río.
> ¡Ay, cómo bajaban!
> La sangre corría
> más fuerte que el agua[31].

MUJER *(volviéndose lentamente y como soñando)*.

> Duérmete, clavel,
> que el caballo se pone a beber.

SUEGRA.

> Duérmete, rosal,
> que el caballo se pone a llorar.

MUJER.

> Nana, niño, nana.

---

[31] Inmediatamente después del diálogo agrio, sobre todo por parte de Leonardo, vienen a repetirse estos versos que auguran otra vez el final trágico de Leonardo y del Novio y que cierran este cuadro con una nota sombría.

Al hablar Lorca de la nana popular que le sirvió de inspiración, comentó que el niño que la escuche «está obligado a ser un espectador y un creador al mismo tiempo» (I, 1082). La nana de Lorca tiene en *Bodas de sangre* el mismo efecto doble dentro de la tragedia: nos obliga a interpretar lo que estamos leyendo o viendo en el teatro.

108

SUEGRA.
>   ¡Ay caballo grande
>   que no quiso el agua![32]

MUJER *(dramática)*.
>   ¡No vengas, no entres!
>   ¡Vete a la montaña!
>   ¡Ay dolor de nieve,
>   caballo del alba!

SUEGRA *(llorando)*.
>   Mi niño se duerme...

MUJER *(llorando y acercándose lentamente)*.
>   Mi niño descansa...

SUEGRA.
>   Duérmete, clavel,
>   que el caballo se pone a beber.

MUJER *(llorando y apoyándose sobre la mesa)*.
>   Duérmete, rosal,
>   que el caballo se pone a llorar[33].

TELÓN

---

[32] Comenta Martínez Nadal en *El público*, «y es este *no querer beber* del caballo lo que ahonda el raro misterio de la canción, despertando al mismo tiempo una serie de sugerencias fáciles de precisar para el lector familiarizado con la obra del poeta. ¿No están, acaso, sed y agua íntimamente relacionados con el apetito sexual?» (pág. 213).

[33] Nótese lo que Lorca dijo en su conferencia sobre las nanas: «La canción de cuna europea no tiene más objeto que dormir al niño, sin que quiera, como la española, herir al mismo tiempo, su sensibilidad» (I, 1075). Esta nana cumple la función que menciona Lorca. Y al mismo tiempo, nos deja saber de antemano y en términos figurados muy aptos lo que va a tener lugar después. La nana cierra este cuadro, pero nos abre al resto de la obra.

CUADRO TERCERO

Interior de la cueva[34] *donde vive la* NOVIA. *Al fondo, una cruz de grandes flores rosa. Las puertas redondas con cortinas de encaje y lazos rosa. Por las paredes de material blanco y duro, abanicos redondos, jarros azules y pequeños espejos.*

CRIADA. Pasen... *(Muy afable, llena de hipocresía humilde. Entran el* NOVIO *y su* MADRE. *La* MADRE *viste de raso negro y lleva mantilla de encaje. El* NOVIO, *de pana negra con gran cadena de oro.)* ¿Se quieren sentar? Ahora vienen. *(Sale.)*

(Quedan madre e hijo sentados, inmóviles como estatuas. Pausa larga.)

MADRE. ¿Traes el reloj?
NOVIO. Sí. *(Lo saca y lo mira.)*
MADRE. Tenemos que volver a tiempo. ¡Qué lejos vive esta gente!
NOVIO. Pero estas tierras son buenas.

---

[34] Dice Marcelle Auclair respecto de la escenografía del estreno en Madrid: «Los decorados se inspiraban en el pueblo de Purullena, cerca de Guadix, a sesenta kilómetros de Granada» (pág. 274). Las cuevas son frecuentes en la zona que va de Granada hasta Lorca y que incluye gran parte de la provincia de Almería. El uso de la cueva aquí es un buen ejemplo de cómo Lorca emplea elementos raros o extraños de la realidad andaluza para alzar el sentido poético de una obra. El empleo de la cueva es a la vez telúrico y verídico, y como comenta Francisco García Lorca, «no es necesariamente un indicio de pobreza» *(Federico y su mundo,* pág. 336).

110

Margarita Xirgu como la madre de *Bodas de sangre*

MADRE. Buenas; pero demasiado solas. Cuatro horas de camino y ni una casa ni un árbol[35].

NOVIO. Estos son los secanos.

MADRE. Tu padre los hubiera cubierto de árboles.

NOVIO. ¿Sin agua?

MADRE. Ya la hubiera buscado. Los tres años que estuvo casado conmigo, plantó diez cerezos. *(Haciendo memoria.)* Los tres nogales del molino, toda una viña y una planta que se llama Júpiter, que da flores encarnadas, y se secó. *(Pausa.)*

NOVIO *(por la novia).* Debe estar vistiéndose.

(Entra el PADRE *de la novia. Es anciano, con el cabello blanco reluciente. Lleva la cabeza inclinada. La* MADRE *y el* NOVIO *se levantan y se dan las manos en silencio.)*

PADRE. ¿Mucho tiempo de viaje?

MADRE. Cuatro horas. *(Se sientan.)*

PADRE. Habéis venido por el camino más largo.

MADRE. Yo estoy ya vieja para andar por las terreras del río.

NOVIO. Se marea. *(Pausa.)*

PADRE. Buena cosecha de esparto.

NOVIO. Buena de verdad.

PADRE. En mi tiempo, ni esparto daba esta tierra. Ha sido necesario castigarla y hasta llorarla, para que nos dé algo provechoso.

MADRE. Pero ahora da. No te quejes. Yo no vengo a pedirte nada.

PADRE *(sonriendo).* Tú eres más rica que yo. Las viñas valen un capital. Cada pámpano una moneda de plata. Lo que siento es que las tierras... ¿entiendes?... estén separadas. A mí me gusta todo junto. Una espina tengo en el corazón, y es la huertecilla ésa metida entre mis tierras, que no me quieren vender por todo el oro del mundo.

---

[35] Otra insistencia en la lejanía y soledad de este ambiente.

NOVIO. Eso pasa siempre.

PADRE. Si pudiéramos con veinte pares de bueyes traer tus viñas aquí y ponerlas en la ladera[36]. ¡Qué alegría!...

MADRE. ¿Para qué?

PADRE. Lo mío es de ella y lo tuyo de él. Por eso. Para verlo todo junto, ¡que junto es una hermosura!

NOVIO. Y sería menos trabajo.

MADRE. Cuando yo me muera, vendéis aquello y compráis aquí al lado.

PADRE. Vender, ¡vender! ¡Bah!; comprar, hija, comprarlo todo. Si yo hubiera tenido hijos hubiera comprado todo este monte hasta la parte del arroyo. Porque no es buena tierra; pero con brazos se la hace buena, y como no pasa gente no te roban los frutos y puedes dormir tranquilo[37]. *(Pausa.)*

MADRE. Tú sabes a lo que vengo.

PADRE. Sí.

MADRE. ¿Y qué?

PADRE. Me parece bien. Ellos lo han hablado.

MADRE. Mi hijo tiene y puede.

PADRE. Mi hija también.

MADRE. Mi hijo es hermoso. No ha conocido mujer. La honra más limpia que una sábana puesta al sol.

PADRE. Qué te digo de la mía. Hace las migas a las tres, cuando el lucero. No habla nunca; suave como la lana; borda toda clase de bordados y puede cortar una maroma con los dientes.

MADRE. Dios bendiga tu casa[38].

PADRE. Que Dios la bendiga.

---

[36] Lenguaje figurado para expresar la armonía familiar que quisiera tener el Padre. La soledad y la tierra que «ni esparto daba» en aquellos secanos componen una dura realidad, cuya dureza no se va a resolver con estas bodas.

[37] Otro deseo que el padre verá frustado por la huida de la Novia y Leonardo.

[38] Este tipo de lenguaje que se emplea en los últimos seis parlamentos, casi proverbial, es bastante frecuente en la Andalucía rural. Lorca lo emplea conscientemente para dar relieve poético a los parlamentos e inventa giros o expresiones sobre bases existentes en el habla de los campesinos.

(Aparece la CRIADA *con dos bandejas. Una con copas y la otra con dulces.)*

MADRE *(al hijo)*. ¿Cuándo queréis la boda?

NOVIO. El jueves próximo.

PADRE. Día en que ella cumple veintidós años justos.

MADRE. ¡Veintidós años! Esa edad tendría mi hijo mayor si viviera. Que viviría caliente y macho como era, si los hombres no hubieran inventado las navajas[39].

PADRE. En eso no hay que pensar.

MADRE. Cada minuto. Métete la mano en el pecho.

PADRE. Entonces el jueves. ¿No es así?

NOVIO. Así es.

PADRE. Los novios y nosotros iremos en coche hasta la iglesia, que está muy lejos, y el acompañamiento en los carros y en las caballerías que traigan.

MADRE. Conformes.

(Pasa la CRIADA.*)*

PADRE. Dile que ya puede entrar. *(A la* MADRE.*)* Celebraré mucho que te guste.

(Aparece la NOVIA. *Trae las manos caídas en actitud modesta y la cabeza baja.)*

MADRE. Acércate. ¿Estás contenta?

NOVIA. Sí, señora.

PADRE. No debes estar seria. Al fin y al cabo ella va a ser tu madre.

NOVIA. Estoy contenta. Cuando he dado el sí es porque quiero darlo.

MADRE. Naturalmente. *(Le coge la barbilla.)* Mírame.

PADRE. Se parece en todo a mi mujer[40].

---

[39] Vuelve la Madre, insistentemente, al mismo tema. Es una obsesión en ella que no hará sino acrecentar con los hechos que siguen.

[40] Imposible no recordar lo que dijo la Vecina de su madre en la primera escena: «Hermosa. Le relucía la cara como a un santo; pero a mí no me gustó nunca. *No quería a su marido*» (subrayado nuestro). Lorca crea a propósito, toda clase de prefiguraciones para la huida y el tercer acto del bosque.

114

MADRE. ¿Sí?[41] ¡Qué hermoso mirar! ¿Tú sabes lo que es casarse, criatura?

NOVIA *(seria)*. Lo sé.

MADRE. Un hombre, unos hijos y una pared de dos varas de ancho para todo lo demás[42].

NOVIO. ¿Es que hace falta otra cosa?

MADRE. No. Que vivan todos, ¡eso! ¡Que vivan!

NOVIA. Yo sabré cumplir.

MADRE. Aquí tienes unos regalos.

NOVIA. Gracias.

PADRE. ¿No tomamos algo?

MADRE. Yo no quiero. *(Al Novio.)* ¿Y tú?

NOVIO. Tomaré. *(Toma un dulce. La NOVIA toma otro.)*

PADRE *(al NOVIO)*. ¿Vino?

MADRE. No lo prueba.

PADRE. ¡Mejor! *(Pausa. Todos están en pie.)*

NOVIO *(a la NOVIA)*. Mañana vendré.

NOVIA. ¿A qué hora?

NOVIO. A las cinco.

NOVIA. Yo te espero.

NOVIO. Cuando me voy de tu lado siento un despego grande y así como un nudo en la garganta.

NOVIA. Cuando seas mi marido ya no lo tendrás.

NOVIO. Eso digo yo.

MADRE. Vamos. El sol no espera. *(Al PADRE)*: ¿Conformes en todo?

PADRE. Conformes.

MADRE *(a la CRIADA)*. Adiós, mujer.

CRIADA. Vayan ustedes con Dios.

(La MADRE besa a la NOVIA y van saliendo en silencio.)

MADRE *(en la puerta)*. Adiós, hija. *(La NOVIA contesta con la mano.)*

PADRE. Yo salgo con vosotros. *(Salen.)*

---

[41] Debe recordar el parlamento de la Vecina también la Madre.

[42] Otra frase muy formal y de tipo proverbial.

Las ediciones de Cruz y Raya, Aguilar y Alianza dicen «dos varas de ancha». Mantenemos la palabra ancho como aparece en la edición de Losada por ser la forma correcta.

CRIADA. Que reviento por ver los regalos.

NOVIA *(agria)*. Quita.

CRIADA. ¡Ay, niña, enséñamelos!

NOVIA. No quiero.

CRIADA. Siquiera las medias. Dicen que son todas caladas. ¡Mujer!

NOVIA. ¡Ea, que no!

CRIADA. ¡Por Dios! Está bien. Parece como si no tuvieras ganas de casarte[43].

NOVIA *(mordiéndose la mano con rabia)*. ¡Ay!

CRIADA. Niña, hija, ¿qué te pasa? ¿Sientes dejar tu vida de reina? No pienses en cosas agrias. ¿Tienes motivos? Ninguno. Vamos a ver los regalos. *(Coge la caja.)*

NOVIA *(cogiéndola de las muñecas)*. Suelta.

CRIADA. ¡Ay, mujer!

NOVIA. Suelta, he dicho.

CRIADA. Tienes más fuerza que un hombre.

NOVIA. ¿No he hecho yo trabajos de hombre? ¡Ojalá fuera!

CRIADA. ¡No hables así!

NOVIA. Calla he dicho. Hablemos de otro asunto.

(La luz va desapareciendo de la escena. Pausa larga.)

CRIADA. ¿Sentiste anoche un caballo?

NOVIA. ¿A qué hora?

CRIADA. A las tres.

NOVIA. Sería un caballo suelto de la manada.

CRIADA. No. Llevaba jinete.

NOVIA. ¿Por qué lo sabes?

CRIADA. Porque lo vi. Estuvo parado en tu ventana. Me chocó mucho.

NOVIA. ¿No sería mi novio? Algunas veces ha pasado a esas horas.

CRIADA. No.

NOVIA. ¿Tú le viste?

CRIADA. Sí.

---

[43] Primera señal de una serie que nos indicará que la Novia no está muy contenta con sus bodas venideras a pesar de haber dado su conformidad.

NOVIA. ¿Quién era?
CRIADA. Era Leonardo[44].
NOVIA *(fuerte)*. ¡Mentira! ¡Mentira! ¿A qué viene aquí?
CRIADA. Vino.
NOVIA. ¡Cállate! ¡Maldita sea tu lengua!

(Se siente el ruido de un caballo.)

CRIADA *(en la ventana)*. Mira, asómate. ¿Era?
NOVIA. ¡Era![45]

TELÓN RÁPIDO

FIN DEL ACTO PRIMERO

---

[44] *Caballo, a las tres, jinete:* «Era Leonardo». Los elementos de fatalidad empiezan a acumularse para desembocar en Leonardo.

[45] El ruido del caballo, la reacción de la Novia y la presencia comprobada de Leonardo forman un final de acto portentoso. Su figura rondando afuera en su caballo al caer la noche recuerda fuertemente a Pepe el Romano fuera de la casa de Bernarda Alba. La fuerza de Pepe el Romano se asocia además con el caballo garañón que hace ruido en el corral. Recuérdese también lo que dice Adela de Pepe el Romano: «Ahí está fuera respirando como un león».

Acto segundo

CUADRO PRIMERO

Zaguán de casa de la NOVIA. *Portón al fondo. Es de noche.*
La NOVIA *sale con enaguas blancas encañonadas, llenas de encajes*
y puntas bordadas y un corpiño blanco, con los brazos al aire.
La CRIADA, *lo mismo.*

CRIADA. Aquí te acabaré de peinar.
NOVIA. No se puede estar ahí dentro, del calor.
CRIADA. En estas tierras no refresca ni al amanecer[46].

(Se sienta la NOVIA *en una silla baja y se mira en un espejito*
de mano. La CRIADA *la peina.)*

NOVIA. Mi madre era de un sitio donde había muchos árboles. De tierra rica.
CRIADA. ¡Así era ella de alegre!
NOVIA. Pero se consumió aquí.
CRIADA. El sino[47].
NOVIA. Como nos consumimos todas. Echan fuego las paredes. ¡Ay! No tires demasiado.

---

[46] El calor agobiante refuerza la tensión dramática. Esta escena de noche con el calor y las mujeres en enaguas blancas recuerda el final de *La casa de Bernarda Alba,* obra con la que las partes más «realistas» de *Bodas de sangre* tienen mucho en común. Los «secanos» donde vive la Novia recuerdan también al «pueblo sin río» de *La casa de Bernarda Alba.* Sobre el calor de noche dice la Poncia al principio del acto segundo de *La casa de Bernarda Alba*: «era la una de la noche y subía fuego de la tierra».

[47] Nótese cómo aquí el sentido de la fatalidad está ligado a la naturaleza del lugar.

118

CRIADA. Es para arreglarte mejor esta onda. Quiero que te caiga sobre la frente. *(La* NOVIA *se mira en el espejo.)* ¡Qué hermosa estás! ¡Ay! *(La besa apasionadamente.)*

NOVIA *(seria)*. Sigue peinándome.

CRIADA *(peinándola)*. ¡Dichosa tú que vas a abrazar a un hombre, que lo vas a besar, que vas a sentir su peso!

NOVIA. Calla.

CRIADA. Y lo mejor es cuando te despiertes y lo sientas al lado y que él te roza los hombros con su aliento, como con una plumilla de ruiseñor.

NOVIA *(fuerte)*. ¿Te quieres callar?

CRIADA. ¡Pero niña! ¿Una boda, qué es? Una boda es esto y nada más. ¿Son los dulces? ¿Son los ramos de flores? No. Es una cama relumbrante y un hombre y una mujer[48].

NOVIA. No se debe decir.

CRIADA. Eso es otra cosa. ¡Pero es bien alegre!

NOVIA. O bien amargo.

CRIADA. El azahar te lo voy a poner desde aquí hasta aquí, de modo que la corona luzca sobre el peinado. *(Le prueba el ramo de azahar.)*

NOVIA *(se mira en el espejo)*. Trae. *(Coge el azahar, lo mira y deja caer la cabeza, abatida.)*

CRIADA. ¿Qué es esto?

NOVIA. Déjame.

CRIADA. No son horas de ponerte triste. *(Animosa.)* Trae el azahar. *(La* NOVIA *tira el azahar.)* ¡Niña! ¿Qué castigo pides tirando al suelo la corona? ¡Levanta esa frente! ¿Es que no te quieres casar? Dilo. Todavía te puedes arrepentir. *(Se levanta.)*

NOVIA. Son nublos. Un mal aire en el centro, ¿quién no lo tiene?

CRIADA. ¿Tú quieres a tu novio?

NOVIA. Lo quiero.

CRIADA. Sí, sí, estoy segura.

NOVIA. Pero éste es un paso muy grande.

CRIADA. Hay que darlo.

---

[48] Los parlamentos de la criada forman un fuerte contraste con la actitud de la Novia.

NOVIA. Ya me he comprometido.

CRIADA. Te voy a poner la corona.

NOVIA *(se sienta)*. Date prisa, que ya deben ir llegando.

CRIADA. Ya llevarán todos lo menos dos horas de camino[49].

NOVIA. ¿Cuánto hay de aquí a la iglesia?

CRIADA. Cinco leguas por el arroyo, que por el camino hay el doble.

(La NOVIA *se levanta y la* CRIADA *se entusiasma al verla.)*

> Despierte la novia
> la mañana de la boda.
> ¡Que los ríos del mundo
> lleven tu corona!

NOVIA *(sonriente)*. Vamos.

CRIADA *(la besa entusiasmada y baila alrededor.)*

> Que despierte
> con el ramo verde
> del laurel florido.
> ¡Que despierte
> por el tronco y la rama
> de los laureles!

(Se oyen unos aldabonazos.)

NOVIA. ¡Abre! Deben ser los primeros convidados. *(Entra. La* CRIADA *abre sorprendida.)*

CRIADA. ¿Tú?

LEONARDO. Yo. Buenos días.

CRIADA. ¡El primero!

LEONARDO. ¿No me han convidado?

CRIADA. Sí.

LEONARDO. Por eso vengo.

CRIADA. ¿Y tu mujer?

---

[49] En la edición de Losada esta frase aparece: *Ya llevarán lo menos dos horo de camino.* ¿Error de omisión en Losada o corrección de Lorca? Mantenemos la frase como aparece en las ediciones de Cruz y Raya, Aguilar y Alianza porque creemos que así se ajusta más al habla de los campesinos andaluces.

LEONARDO. Yo vine a caballo. Ella se acerca por el camino[50].

CRIADA. ¿No te has encontrado a nadie?

LEONARDO. Los pasé con el caballo.

CRIADA. Vas a matar al animal con tanta carrera.

LEONARDO. ¡Cuando se muera, muerto está! *(Pausa.)*[51]

CRIADA. Siéntate. Todavía no se ha levantado nadie.

LEONARDO. ¿Y la novia?

CRIADA. Ahora mismo la voy a vestir.

LEONARDO. ¡La novia! ¡Estará contenta!

CRIADA *(variando la conversación)*. ¿Y el niño?

LEONARDO. ¿Cuál?

CRIADA. Tu hijo.

LEONARDO *(recordando como soñoliento)*. ¡Ah!

CRIADA. ¿Lo traen?

LEONARDO. No. *(Pausa. Voces cantando muy lejos.)*

> VOCES.
> ¡Despierte la novia
> la mañana de la boda!

> LEONARDO.
> Despierte la novia
> la mañana de la boda[52].

CRIADA. Es la gente. Vienen lejos todavía.

LEONARDO *(levantándose)*. ¿La novia llevará una corona grande, no? No debía ser tan grande. Un poco más pequeña le sentaría mejor. ¿Y trajo ya el novio el azahar que se tiene que poner en el pecho?

NOVIA *(Apareciendo todavía en enaguas y con la corona de azahar puesta)*. Lo trajo.

---

[50] En las ediciones de Cruz y Raya y Alianza: *Ella se acercaba por el camino.* Mantenemos la versión de Losada y Aguilar.

[51] Otra conexión fatalista entre el caballo y Leonardo.

[52] En toda esta escena, quizás la más celebrada de toda la obra, la alegría del epitalamio formará un fuerte contraste con las actitudes nada alegres de Leonardo y la Novia. El epitalamio recuerda escenas parecidas del teatro del Siglo de Oro, especialmente el de Lope de Vega. *(vid.* introducción, pág. 71). Hay que tener en cuenta sobre todo la fuerte ironía entre esta celebración alegre de la boda y lo que ocurre en la escena siguiente con la huida de Leonardo y la Novia, ironía llevada a cabo intencionadamente por el dramaturgo.

CRIADA (fuerte). No salgas así.

NOVIA. ¿Qué más da? (Seria.) ¿Por qué preguntas si trajeron el azahar? ¿Llevas intención?

LEONARDO. Ninguna. ¿Qué intención iba a tener? (Acercándose.) Tú, que me conoces, sabes que no la llevo. Dímelo. ¿Quién he sido yo para ti? Abre y refresca tu recuerdo. Pero dos bueyes y una mala choza son casi nada. Ésa es la espina.

NOVIA. ¿A qué vienes?

LEONARDO. A ver tu casamiento.

NOVIA. ¡También yo vi el tuyo!

LEONARDO. Amarrado por ti, hecho con tus dos manos. A mí me pueden matar, pero no me pueden escupir. Y la plata, que brilla tanto, escupe algunas veces.

NOVIA. ¡Mentira!

LEONARDO. No quiero hablar, porque soy hombre de sangre y no quiero que todos estos cerros oigan mis voces.

NOVIA. Las mías serían más fuertes.

CRIADA. Estas palabras no pueden seguir. Tú no tienes que hablar de lo pasado. (La CRIADA mira a las puertas presa de inquietud.)

NOVIA. Tiene razón. Yo no debo hablarte siquiera. Pero se me calienta el alma de que vengas a verme y atisbar mi boda y preguntes con intención por el azahar. Vete y espera a tu mujer en la puerta.

LEONARDO. ¿Es que tú y yo no podemos hablar?

CRIADA (Con rabia). No; no podéis hablar.

LEONARDO. Después de mi casamiento ha pensado noche y día de quién era la culpa, y cada vez que pienso sale una culpa nueva que se come a la otra; ¡pero siempre hay culpa!

NOVIA. Un hombre con su caballo sabe mucho y puede mucho para poder estrujar a una muchacha metida en un desierto. Pero yo tengo orgullo. Por eso me caso. Y me encerraré con mi marido, a quien tengo que querer por encima de todo.

LEONARDO. El orgullo no te servirá de nada. (Se acerca.)

NOVIA. ¡No te acerques!

LEONARDO. Callar y quemarse es el castigo más grande que nos podemos echar encima. ¿De qué me sirvió a mí el orgullo y el no mirarte y dejarte despierta noches y noches?

122

¡De nada! ¡Sirvió para echarme fuego encima! Porque tú crees que el tiempo cura y que las paredes tapan, y no es verdad, no es verdad. ¡Cuando las cosas llegan a los centros no hay quien las arranque![53]

NOVIA *(temblando)*. No puedo oírte. No puedo oír tu voz. Es como si me bebiera una botella de anís y me durmiera en una colcha de rosas. Y me arrastra, y sé que me ahogo, pero voy detrás[54].

CRIADA *(cogiendo a LEONARDO por las solapas)*. ¡Debes irte ahora mismo!

LEONARDO. Es la última vez que voy a hablar con ella. No temas nada.

NOVIA. Y sé que estoy loca y sé que tengo el pecho podrido de aguantar, y aquí estoy quieta por oírlo, por verlo menear los brazos.

LEONARDO. No me quedo tranquilo si no te digo estas cosas. Yo me casé. Cásate tú ahora[55].

CRIADA *(a LEONARDO)*. ¡Y se casa!

VOCES *(cantando más cerca)*.
Despierte la novia
la mañana de la boda.

NOVIA.
¡Despierte la novia!

(Sale corriendo a su cuarto)

---

[53] La más clara prefiguración de la atracción irresistible entre ellos y del resultado fatal de esa atracción. Es importante notar que Leonardo no entiende ni puede fijar «la culpa». Solamente entiende que «las cosas» han llegado «a los centros». Esos «centros» recuerdan inevitablemente el último verso de la obra «la oscura raíz del grito».

[54] *Colcha de rosas:* es una de las imágenes florales más bellas de la obra y una de las más fuertes también. Tenemos una indicación muy clara de lo que va a pasar cuando la Novia admite «sé que me ahogo, pero voy detrás».

[55] A pesar de su atracción mutua, es importante entender que ellos no llevan a cabo ningún plan preconcebido. Ella tiene la intención —la obligación— de casarse, y ni él ni ella pretenden en este momento malograr la boda. Al contrario, a pesar de su atracción admitida, tienen toda intención de cumplir. La Novia ya lo ha dicho antes: «y me encerraré con mi marido, a quien tengo que querer por encima de todo».

CRIADA. Ya está aquí la gente. *(A* LEONARDO.) No te vuelvas a acercar a ella[56].

LEONARDO. Descuida. *(Sale por la izquierda. Empieza a clarear el día.)*

>   MUCHACHA 1.ª *(entrando).*
>   Despierte la novia
>   la mañana de la boda;
>   ruede la ronda
>   y en cada balcón una corona.
>
>   VOCES.
>   ¡Despierte la novia!
>
>   CRIADA *(moviendo algazara).*
>   Que despierte
>   con el ramo verde
>   del laurel florido.
>   ¡Que despierte
>   por el tronco y la rama
>   de los laureles!
>
>   MUCHACHA 2.ª *(entrando).*
>   Que despierte
>   con el largo pelo,
>   camisa de nieve,
>   botas de charol y plata
>   y jazmines en la frente.
>
>   CRIADA.
>   ¡Ay, pastora,
>   que la luna asoma![57]

[56] La Criada no se fía en absoluto de ellos. Reconoce, como reconoce la Poncia en *La casa de Bernarda Alba*, que la situación está a punto de estallar. Este sentido «realista» de las criadas es típico en la obra de Lorca, donde ellas, muchas veces, comentan la acción como semejantes personajes en el teatro clásico.

[57] En medio de tantas alegres y bellas imágenes florales, se destaca esta única mención de la influencia nefasta de la luna. Es de notar, además, quién dice este verso: la Criada. En *La casa de Bernarda Alba* la Poncia dice, «Las viejas vemos a través de las paredes», y dice que tiene «la cabeza y las manos llenas de ojos cuando se trata de lo que se trata». Esta Criada también

MUCHACHA 1.ª
    ¡Ay, galán,
    deja tu sombrero por el olivar!

MOZO 1.º *(entrando con el sombrero en alto).*
    Despierte la novia,
    que por los campos viene
    rodando la boda,
    con bandejas de dalias
    y panes de gloria.

VOCES.
    ¡Despierte la novia!

MUCHACHA 2.ª
    La novia
    se ha puesto su blanca corona,
    y el novio
    se la prende con lazos de oro.

CRIADA.
    Por el toronjil
    la novia no puede dormir.

MUCHACHA 3.ª *(entrando).*
    Por el naranjel[58]
    el novio le ofrece cuchara y mantel.

(Entran tres CONVIDADOS*).*

MOZO 1.º
    ¡Despierta, paloma!
    El alba despeja
    campanas de sombra.

---

ve las cosas muy claras, y lo que es más importante aún, nos lo hace saber
con esta referencia única sobre la luna. Recuérdese también el poema temprano de Lorca « La luna asoma»:

    Cuando sale la luna
    se pierden las campanas
    y aparecen las sendas
    impenetrables.

[58] *Naranjel*: forma poética de «naranjal». Se encuentra con cierta frecuen-
cia en canciones y romances populares.

CONVIDADO.
La novia, la blanca novia,
hoy doncella,
mañana señora[59].

MUCHACHA I.ª Baja, morena,
arrastrando tu cola de seda.

CONVIDADO.
Baja, morenita[60],
que llueve rocío la mañana fría.

MOZO I.º
Despertad, señora, despertad,
porque viene el aire lloviendo azahar.

CRIADA.
Un árbol quiero bordarle
lleno de cintas granates
y en cada cinta un amor
con vivas alrededor.

VOCES.
Despierte la novia.

MOZO I.º
¡La mañana de la boda!

CONVIDADO.
La mañana de la boda
qué galana vas a estar;

---

[59] Estos versos son dramáticamente irónicos como lo es toda la intención del epitalamio. Pero destacan éstos por contrastar con lo que dirá la Novia después de su fuga: «mujer perdida y doncella».

[60] La imágenes florales del epitalamio, aparte de ser propias para esta tragedia del campo andaluz y aparte de recordar la poesía tradicional, también recuerdan muchos versos del Cantar de los Cantares, también una canción de bodas, como éstos:

Yo soy el narciso de Sarón,
el lirio de los valles.
Como el lirio entre cardos
así es mi amada entre las doncellas.

pareces, flor de los montes,
la mujer de un capitán.

PADRE *(entrando)*.
La mujer de un capitán
se lleva el novio.
¡Ya viene con sus bueyes
por el tesoro!

MUCHACHA 3.ª
El novio
parece la flor del oro;
cuando camina,
a sus plantas se agrupan las clavelinas.

CRIADA.
¡Ay mi niña dichosa!

MOZO 2.º
Que despierte la novia.

CRIADA.
¡Ay mi galana!

MUCHACHA 1.ª
La boda está llamando
por las ventanas[61].

MUCHACHA 2.ª
Que salga la novia.

MUCHACHA 1.ª
¡Que salga, que salga!

CRIADA.
¡Que toquen y repiquen
las campanas!

---

[61] El lenguaje poético de *Bodas de sangre* recuerda muchas veces el lenguaje del *Romancero gitano*. Esta personificación de la boda está muy cerca de estos versos del romance «Muerto de amor»:

La noche llama temblando
al cristal de los balcones.

Representación de *Bodas de sangre* en Barcelona, 1936

MOZO 1.º
 ¡Que viene aquí! ¡Que sale ya!

CRIADA.
 ¡Como un toro, la boda
 levantándose está![62]

(Aparece la NOVIA. Lleva un traje negro mil novecientos, con caderas y larga cola rodeada de gasas plisadas y encajes duros. Sobre el peinado de visera lleva la corona de azahar. Suenan las guitarras. Las MUCHACHAS besan a la NOVIA.)

MUCHACHA 3.ª ¿Qué esencia te echaste en el pelo?
NOVIA *(riendo)*. Ninguna.
MUCHACHA 2.ª *(mirando el traje)*. La tela es de lo que no hay.
MOZO 1.º ¡Aquí está el novio!
NOVIO. ¡Salud!

MUCHACHA 1.ª *(poniéndole una flor en la oreja.)*
 El novio
 parece la flor del oro.

MUCHACHA 2.ª
 ¡Aires de sosiego
 le manan los ojos!

(El NOVIO se dirige al lado de la NOVIA.)

NOVIA. ¿Por qué te pusiste esos zapatos?
NOVIO. Son más alegres que los negros.
MUJER DE LEONARDO *(entrando y besando a la NOVIA)*. ¡Salud!
 (Hablan todas con algazara.)

LEONARDO *(entrando como quien cumple un deber.)*
 La mañana de casada
 la corona te ponemos.

---

[62] Interesante y bella imagen de la boda en términos campestres. Cobra otra dimensión al recordar estos versos del romance «Reyerta»:

 El toro de la reyerta
 se sube por las paredes.

MUJER.
　　　¡Para que el campo se alegre
　　　con el agua de tu pelo!

MADRE *(al* PADRE*)*. ¿También están ésos aquí?

PADRE. Son familia. ¡Hoy es día de perdones!

MADRE. Me aguanto, pero no perdono.

NOVIO. ¡Con la corona da alegría mirarte!

NOVIA. ¡Vámonos pronto a la iglesia!

NOVIO. ¿Tienes prisa?

NOVIA. Sí. Estoy deseando ser tu mujer y quedarme sola
　　　contigo, y no oír más voz que la tuya[63].

NOVIO. ¡Eso quiero yo!

NOVIA. Y no ver más que tus ojos. Y que me abrazaras tan
　　　fuerte, que aunque me llamara mi madre, que está muer-
　　　ta, no me pudiera despegar de ti.

NOVIO. Yo tengo fuerza en los brazos. Te voy a abrazar cua-
　　　renta años seguidos[64].

NOVIA *(dramática, cogiéndolo del brazo)*. ¡Siempre![65]

PADRE. ¡Vamos pronto! ¡A coger las caballerías y los carros!
　　　Que ya ha salido el sol.

MADRE. ¡Que llevéis cuidado! No sea que tengamos mala
　　　hora.

　　　(Se abre el gran portón del fondo. Empiezan a salir)

　　　CRIADA *(llorando)*
　　　　　Al salir de tu casa,
　　　　　blanca doncella,

[63] Este parlamento es un eco de lo que ella dijo a Leonardo: «Y me encerraré con mi marido, a quien tengo que querer por encima de todo». No
quiere oír la voz de Leonardo cuya fuerza ya ha descrito: «como si me bebiera una botella de anís y me durmiera en un colchón de rosas».
[64] Se contrastan estos versos de su buena intención con lo que dice a la
Madre al final de la obra sobre la fuerza de Leonardo: «...pero el brazo del
otro me arrastró como un golpe de mar, como la cabezada de un mulo, y me
hubiera arrastrado siempre, siempre, siempre, aunque hubiera sido vieja y
todos los hijos de tu hijo me hubieran agarrado de los cabellos».
[65] A pesar de la fuerza de Leonardo, vemos en esta escena la clara intención de la ·Novia de casarse con el Novio. De no ser así la tragedia degene-
raría en melodrama de sexo, más cerca al verdadero «crimen de Níjar» que
le sirvió a Lorca de inspiración.

> acuérdate que sales
> como una estrella...

MUCHACHA 1.ª
> Limpia de cuerpo y ropa
> al salir de tu casa para la boda.

(Van saliendo.)

MUCHACHA 2.ª
> ¡Ya sales de tu casa
> para la iglesia!

CRIADA.
> ¡El aire pone flores
> por las arenas!

MUCHACHA 3.ª
> ¡Ay la blanca niña!

CRIADA.
> Aire oscuro el encaje
> de su mantilla.

(Salen. Se oyen, guitarras, palillos y panderetas. Quedan solos LEONARDO y su MUJER.)

MUJER. Vamos.

LEONARDO. ¿Adónde?

MUJER. A la iglesia. Pero no vas en el caballo. Vienes conmigo.

LEONARDO. ¿En el carro?

MUJER. ¿Hay otra cosa?

LEONARDO. Yo no soy hombre para ir en carro.

MUJER. Y yo no soy mujer para ir sin su marido en un casamiento. ¡Que no puedo más!

LEONARDO. ¡Ni yo tampoco!

MUJER. ¿Por qué me miras así? Tienes una espina en cada ojo[66].

LEONARDO. ¡Vamos!

---

[66] *Una espina en cada ojo*, como el puñal de plata «dentro de los ojos» del caballo de la nana.

MUJER. No sé lo que pasa. Pero pienso y no quiero pensar. Una cosa sé. Yo ya estoy despachada. Pero tengo un hijo. Y otro que viene. Vamos andando. El mismo sino tuvo mi madre[67]. Pero de aquí no me muevo. *(Voces fuera.)*

> VOCES.
> (¡Al salir de tu casa
> para la iglesia,
> acuérdate que sales
> como una estrella!)

> MUJER *(llorando)*.
> ¡Acuérdate que sales
> como una estrella!

Así salí yo de mi casa también. Que me cabía todo el campo en la boca.
LEONARDO *(levántandose)*. Vamos.
MUJER. ¡Pero conmigo!
LEONARDO. Sí. *(Pausa.)* ¡Echa a andar! *(Salen.)*

> VOCES.
> Al salir de tu casa
> para la iglesia,
> acuérdate que sales
> como una estrella[68].

TELÓN LENTO

---

[67] Sobre Adelaida, una muchacha desgraciada de la que se habla en *La casa de Bernarda Alba,* dice Martirio: «Pero las cosas se repiten. Y veo que todo es una terrible repetición. Y ella tiene el mismo sino de su madre y de su abuela...»

[68] Estos dos últimos versos se han repetido tres veces y cierran el acto. Aquí *estrella* tiene el valor de bella como una estrella. Pero en el tercer acto cambia completamente este valor de la estrella. El Leñador 3.º dice: «El novio los encontrará con luna o sin luna. Yo lo vi salir. Como una estrella furiosa. La cara color ceniza. Expresaba el sino de su casta.» Y el Leñador 1.º agrega: «Su casta de muertos en mitad de la calle». La boda se convierte en tragedia y la estrella se convierte en muerte.

CUADRO SEGUNDO

Exterior de la cueva de la NOVIA. *Entonación en blancos, grises y azules fríos. Grandes chamberas. Tonos sombríos y plateados Panoramas de mesetas color barquillo, todo endurecido como paisaje de cerámica popular*[69].

CRIADA *(arreglando en una mesa copas y bandejas).*

> Giraba,
> giraba la rueda
> y el agua pasaba;
> porque llega la boda
> que se aparten las ramas
> y la luna se adorne
> por su blanca baranda.

(En voz alta.)
¡Pon los manteles!

(En voz patética.)
> Cantaban,
> cantaban los novios
> y el agua pasaba.
> Porque llega la boda
> que relumbre la escarcha
> y se llenen de miel
> las almendras amargas.

---

[69] Opina Francisco García Lorca que *Bodas de sangre* es «la obra que mejor responde a un real e imaginario fondo andaluz, a lo que acaso contribuye el rico colorismo que la informa» *(Federico y su mundo*, pág. 344).

(En voz alta.)
¡Prepara el vino!

(En voz poética.)
Galana.
Galana de la tierra,
mira cómo el agua pasa.
Porque llega tu boda
recógete las faldas
y bajo el ala del novio
nunca salgas de tu casa.
¡Porque el novio es un palomo
con todo el pecho de brasa
y espera el campo el rumor
de la sangre derramada.
Giraba,
giraba la rueda
y el agua pasaba.
Porque llega tu boda,
deja que relumbre el agua![70]

MADRE *(entrando)*. ¡Por fin!
PADRE. ¿Somos los primeros?
CRIADA. No. Hace rato llegó Leonardo con su mujer. Corrieron como demonios. La mujer llegó muerta de miedo. Hicieron el camino como si hubieran venido a caballo.

---

[70] Esta bella canción de la Criada, cantada en *voz patética*, está llena de augurios y de presagios. La *rueda* recuerda la rueda de la fortuna a la que está ligado todo destino humano. Aparece la *luna* como elemento fatal, cuya *blanca baranda* recuerda fuertemente «las altas barandas» del «Romance sonámbulo», especialmente los «Barandales de la luna», y «esta verde baranda» donde se mece la gitana muerta sobre el aljibe, sostenida por «Un carámbano de luna». Si los versos

y espera el campo el rumor
de la sangre derramada

parecen describir la desfloración de la Novia, también pueden tener otro sentido fúnebre. Recuerdan también inmediatamente la parte segunda del «Llanto por Ignacio Sánchez Mejías» que se llama precisamente «La sangre derramada». La boda se ha celebrado pero la canción nos hace entender de golpe que ha de tener un fin fatal.

PADRE. Ese busca la desgracia. No tiene buena sangre.

MADRE. ¿Qué sangre va a tener? La de toda su familia. Mana de su bisabuelo, que empezó matando, y sigue en toda la mala ralea, manejadores de cuchillos y gente de falsa sonrisa[71].

PADRE. ¡Vamos a dejarlo!

CRIADA. ¿Cómo lo va a dejar?

MADRE. Me duele hasta la punta de las venas[72]. En la frente de todos ellos yo no veo más que la mano con que mataron a lo que era mío. ¿Tú me ves a mí? ¿No te parezco loca? Pues es loca de no haber gritado todo lo que mi pecho necesita. Tengo en mi pecho un grito siempre puesto de pie a quien tengo que castigar y meter entre los mantos. Pero se llevan a los muertos y hay que callar. Luego la gente critica. *(Se quita el manto.)*

PADRE. Hoy no es día de que te acuerdes de esas cosas.

MADRE. Cuando sale la conversación, tengo que hablar y hoy más. Porque hoy me quedo sola en mi casa[73].

PADRE. En espera de estar acompañada.

MADRE. Esa es mi ilusión: los nietos. *(Se sientan)*

PADRE. Yo quiero que tengan muchos. Esta tierra necesita brazos que no sean pagados. Hay que sostener una batalla con las malas hierbas, con los cardos, con los pedruscos que salen no se sabe dónde. Y estos brazos tienen que ser de los dueños, que castiguen y que dominen, que hagan brotar las simientes. Se necesitan muchos hijos[74].

---

[71] Empiezan a amontonarse los signos fatales: Leonardo y su caballo, la mala sangre de la familia de Leonardo, la aversión entre las dos familias.

[72] Cfr. lo que ella dice en la primera escena, hablando del mismo tema: «Pasan los meses y la desesperación me pica en los ojos y hasta en la punta del pelo».

[73] Esta última frase, como muchas en la obra, tiene una intención en boca del personaje y otra en el contexto de la obra. Esta técnica de ironía trágica la emplea muy a propósito Lorca para crear una tragedia moderna. Así, la frase significa en boca de ella que se queda sola porque el Novio se ha casado. Pero en el contexto de toda la obra es una clara referencia a la muerte de él. Ella no lo sabe, pero nosotros, por los presagios acumulados, lo podemos vislumbrar perfectamente.

[74] Otra insistencia en la dificultad de la vida en estas tierras duras. La huida de la Novia con Leonardo frustrará del todo el sueño del Padre.

MADRE. ¡Y alguna hija! ¡Los varones son del viento! Tienen por fuerza que manejar armas. Las niñas no salen jamás a la calle.

PADRE *(alegre)*. Yo creo que tendrán de todo.

MADRE. Mi hijo la cubrirá bien. Es de buena simiente. Su padre pudo haber tenido conmigo muchos hijos.

PADRE. Lo que yo quisiera es que esto fuera cosa de un día. Que en seguida tuvieran dos o tres hombres.

MADRE. Pero no es así. Se tarda mucho. Por eso es tan terrible ver la sangre de una derramada por el suelo. Una fuente que corre un minuto y a nosotros nos ha costado años. Cuando yo llegué a ver a mi hijo, estaba tumbado en mitad de la calle. Me mojé las manos de sangre y me las lamí con la lengua. Porque era mía. Tú no sabes lo que es eso. En una custodia de cristal y topacios pondría yo la tierra empapada por ella[75].

PADRE. Ahora tienes que esperar. Mi hija es ancha y tu hijo es fuerte.

MADRE. Así espero. *(Se levantan.)*

PADRE. Prepara las bandejas de trigo.

CRIADA. Están preparadas.

MUJER DE LEONARDO *(entrando)*. ¡Que sea para bien!

MADRE. Gracias.

LEONARDO. ¿Va a haber fiesta?

PADRE. Poca. La gente no puede entretenerse.

CRIADA. ¡Ya están aquí!

(Van entrando invitados, en alegres grupos. Entran los novios cogidos del brazo. Sale LEONARDO.)

NOVIO. En ninguna boda se vio tanta gente.

NOVIA *(sombría)*. En ninguna.

PADRE. Fue lucida[76].

---

[75] A partir de esta escena, los elementos de fatalidad y los temas ya insistentes empiezan a recargarse aún más para crear una tensión trágica que desembocará en el mundo sobrenatural del tercer acto. Esta técnica la lleva a cabo intencionalmente el dramaturgo. Por eso ella vuelve sobre el tema de la muerte y recarga esa muerte con evidentes expresiones religiosas.

[76] Cuanto más alegre y lucida la boda y su celebración ahora, más fuerte el contraste con el final de acto.

MADRE. Ramas enteras de familias han venido.

NOVIO. Gente que no salía de su casa.

MADRE. Tu padre sembró mucho y ahora lo recoges tú.

NOVIO. Hubo primos míos que yo ya no conocía.

MADRE. Toda la gente de la costa.

NOVIO *(alegre)*. Se espantaban de los caballos. *(Hablan.)*

MADRE *(a la* NOVIA*)* ¿Qué piensas?

NOVIA. No pienso en nada.

MADRE. Las bendiciones pesan mucho. *(Se oyen guitarras.)*

NOVIA. Como plomo.

MADRE *(fuerte)*. Pero no han de pesar. Ligera como paloma
debes ser.

NOVIA. ¿Se queda usted aquí esta noche?

MADRE. No. Mi casa está sola.

NOVIA. ¡Debía usted quedarse!

PADRE. *(a la* MADRE*)*. Mira el baile que tienen formado. Bailes de allá de la orilla del mar[77].

(Sale LEONARDO *y se sienta. Su* MUJER *detrás de él, en actitud
rígida.)*

MADRE. Son los primos de mi marido. Duros como piedras
para la danza.

PADRE. Me alegra verlos. ¡Qué cambio para esta casa! *(Se va.)*

NOVIO *(a la* NOVIA*)*. ¿Te gustó el azahar?

NOVIA *(mirándole fija)*. Sí.

NOVIO. Es todo de cera. Dura siempre. Me hubiera gustado
que llevaras en todo el vestido.

NOVIA. No hace falta. *(Mutis* LEONARDO *por la derecha.)*

MUCHACHA I.ª Vamos a quitarte los alfileres.

NOVIA *(al* NOVIO*)*. Ahora vuelvo.

MUJER. ¡Que seas feliz con mi prima!

NOVIO. Tengo seguridad.

MUJER. Aquí los dos; sin salir nunca y a levantar la casa.
¡Ojalá yo viviera también así de lejos!

---

[77] La alegría de la gente del mar que contrasta con la vida dura y el sino
cerrado de la gente del campo es también evidente en *La casa de Bernarda Alba*,
sobre todo al final del primer acto cuando la abuela, María Josefa, grita «¡Quiero irme de aquí! ¡Bernarda! ¡A casarme a la orilla del mar, a la orilla del mar!»

Novio. ¿Por qué no compráis tierras? El monte es barato y los hijos se crían mejor.

Mujer. No tenemos dinero. ¡Y con el camino que llevamos!

Novio. Tu marido es un buen trabajador.

Mujer. Sí, pero le gusta volar demasiado. Ir de una cosa a otra. No es hombre tranquilo.

Criada. ¿No tomáis nada? Te voy a envolver unos roscos de vino para tu madre, que a ella le gustan mucho.

Novio. Ponle tres docenas.

Mujer. No, no. Con media tiene bastante.

Novio. Un día es un día.

Mujer *(a la* Criada*).* ¿Y Leonardo?

Criada. No lo vi.

Novio. Debe estar con la gente.

Mujer. ¡Voy a ver! *(Se va.)*

Criada. Aquello está hermoso.

Novio. ¿Y tú no bailas?

Criada. No hay quien me saque.

(Pasan al fondo dos Muchachas*: durante todo este acto el fondo será un animado cruce de figuras.)*[78]

Novio *(alegre).* Eso se llama no entender. Las viejas frescas como tú bailan mejor que las jóvenes.

Criada. Pero ¿vas a echarme requiebros, niño? ¡Qué familia la tuya! ¡Machos entre los machos! Siendo niña vi la boda de tu abuelo. ¡Qué figura! Parecía como si se casara un monte.

Novio. Yo tengo menos estatura.

Criada. Pero el mismo brillo en los ojos. ¿Y la niña?

Novio. Quitándose la toca.

Criada. ¡Ah! Mira. Para la medianoche, como no dormiréis, os he preparado jamón, y unas copas grandes de vino antiguo. En la parte baja de la alacena. Por si lo necesitáis.

Novio *(sonriente).* No como a media noche.

Criada *(con malicia).* Si tú no, la novia. *(Se va.)*

Mozo 1.º *(entrando).* ¡Tienes que beber con nosotros!

---

[78] Este *animado cruce de figuras* es importante, como lo son los bailes y las guitarras, para formar un fondo de alegría contra el cual los movimientos y las actitudes agitadas de Leonardo y de la Novia cobran gran relieve.

NOVIO. Estoy esperando a la novia.

MOZO 2.º ¡Ya la tendrás en la madrugada!

MOZO 1.º ¡Que es cuando más gusta!

MOZO 2.º Un momento.

NOVIO. Vamos.

(Salen. Se oye gran algaraza. Sale la NOVIA. Por el lado opuesto salen dos MUCHACHAS corriendo a encontrarla.)

MUCHACHA 1.ª ¿A quién diste el primer alfiler, a mí o a ésta?

NOVIA. No me acuerdo.

MUCHACHA 1.ª A mí me lo diste aquí.

MUCHACHA 2.ª A mí delante del altar.

NOVIA *(inquieta y con gran lucha interior)*. No sé nada.

MUCHACHA 1.ª Es que yo quisiera que tú...

NOVIA *(interrumpiendo)*. Ni me importa. Tengo mucho que pensar.

MUCHACHA 2.ª Perdona. (LEONARDO *cruza al fondo.)*

NOVIA *(ve a* LEONARDO). Y estos momentos son agitados.

MUCHACHA 1.ª ¡Nosotras no sabemos nada!

NOVIA. Ya lo sabréis cuando os llegue la hora. Estos pasos son pasos que cuestan mucho.

MUCHACHA 1.ª ¿Te has disgustado?

NOVIA. No. Perdonad vosotras.

MUCHACHA 2.ª ¿De qué? Pero los dos alfileres sirven para casarse, ¿verdad?

NOVIA. Los dos.

MUCHACHA 1.ª Ahora, que una se casa antes que otra.

NOVIA. ¿Tantas ganas tenéis?

MUCHACHA 2.ª *(vergonzosa)*. Sí.

NOVIA. ¿Para qué?

MUCHACHA 1.ª Pues... *(Abrazando a la segunda.)*

(Echan a correr las dos. Llega el NOVIO y muy despacio abraza a la NOVIA por detrás.)

NOVIA *(con gran sobresalto)*. ¡Quita!

NOVIO. ¿Te asustas de mí?

NOVIA. ¡Ay! ¿Eras tú?

139

NOVIO. ¿Quién iba a ser? *(Pausa.)* Tu padre o yo.

NOVIA. ¡Es verdad!

NOVIO. Ahora que tu padre te hubiera abrazado más blando.

NOVIA *(sombría).* ¡Claro!

NOVIO *(la abraza fuertemente de modo un poco brusco).* Porque es viejo.

NOVIA *(seca).* ¡Déjame!

NOVIO. ¿Por qué? *(La deja.)*

NOVIA. Pues... la gente. Pueden vernos. *(Vuelve a cruzar al fondo la* CRIADA, *que no mira a los novios)*

NOVIO. ¿Y qué? Ya es sagrado[79].

NOVIA. Sí, pero déjame... Luego.

NOVIO. ¿Qué tienes? ¡Estás como asustada!

NOVIA. No tengo nada. No te vayas. *(Sale la mujer de* LEONARDO.)

MUJER. No quiero interrumpir...

NOVIO. Dime.

MUJER. ¿Pasó por aquí mi marido?

NOVIO. No.

MUJER. Es que no lo encuentro, y el caballo no está tampoco en el establo[80].

NOVIO *(alegre).* Debe estar dándole una carrera. *(Se va la* MUJER *inquieta. Sale la* CRIADA.)

CRIADA. ¿No andáis satisfechos de tanto saludo?

NOVIO. Ya estoy deseando que esto acabe. La novia está un poco cansada.

CRIADA. ¿Qué es eso, niña?

NOVIA. ¡Tengo como un golpe en las sienes!

CRIADA. Una novia de estos montes debe ser fuerte. *(Al* NOVIO): Tú eres el único que la puedes curar, porque tuya es. *(Sale corriendo.)*

NOVIO *(abrazándola).* Vamos un rato al baile. *(La besa.)*

NOVIA *(angustiada).* No. Quiero echarme en la cama un poco.

NOVIO. Yo te haré compañía.

---

[79] Otra fuerte ironía.

[80] Ya comienza con la desaparición de Leonardo y del caballo, el momento inevitable de la huida. Hasta ahora solamente la Mujer parece enterarse de lo que está pasando.

140

NOVIA. ¡Nunca! ¿Con toda la gente aquí? ¿Qué dirían? Déjame sosegar un momento.

NOVIO. ¡Lo que quieras! ¡Pero no estés así por la noche!

NOVIA *(en la puerta)*. A la noche estaré mejor[81].

NOVIO. ¡Que es lo que yo quiero! *(Aparece la* MADRE.*)*

MADRE. Hijo.

NOVIO. ¿Dónde anda usted?

MADRE. En todo ese ruido. ¿Estás contento?

NOVIO. Sí.

MADRE. ¿Y tu mujer?

NOVIO. Descansa un poco. ¡Mal día para las novias!

MADRE. ¿Mal día? El único bueno. Para mí fue como una herencia. *(Entra la* CRIADA *y se dirige al cuarto de la* NOVIA.*)* Es la roturación de las tierras, la plantación de árboles nuevos.

NOVIO. ¿Usted se va a ir?

MADRE. Sí. Yo tengo que estar en mi casa.

NOVIO. Sola.

MADRE. Sola no. Que tengo la cabeza llena de cosas y de hombres y luchas.

NOVIO. Pero luchas que ya no son luchas.

(Sale la CRIADA *rápidamente, desaparece corriendo por el fondo.)*[82]

MADRE. Mientras una vive, lucha.

NOVIO. ¡Siempre la obedezco!

MADRE. Con tu mujer procura estar cariñoso, y si la notaras infatuada o arisca, hazle una caricia que le produzca un poco de daño, un abrazo fuerte, un mordisco y luego un beso suave. Que ella no pueda disgustarse, pero que sienta que tú eres el macho, el amo, el que manda. Así apren-

---

[81] Ahora desaparece la Novia también. La ausencia de ella y de Leonardo en la escena nos comunica perfectamente lo que tiene que pasar aunque todavía es inadvertido por los demás personajes. Otro ejemplo magistral de la ironía dramática empleada a propósito por Lorca. La ausencia de la Novia y de Leonardo en el resto del acto incrementa el sentido de tensión contra el cual tienen lugar los parlamentos restantes del acto, muchas veces irónicos, hasta que por fin todos se enteran de la huida de Leonardo y la Novia.

[82] Las entradas y salidas de la Criada, que empieza a sospechar, pasan inadvertidas de momento por los demás personajes, pero serán muy obvios para los espectadores.

141

dí de tu padre. Y como no lo tienes, tengo que ser yo la que te enseñe estas fortalezas[83].

NOVIO. Yo siempre haré lo que usted mande.

PADRE *(entrando)*. ¿Y mi hija?

NOVIO. Está dentro.

MUCHACHA I.ª ¡Vengan los novios, que vamos a bailar la rueda!

MOZO I.º *(al* NOVIO). Tú la vas a dirigir.

PADRE *(saliendo)*. ¡Aquí no está!

NOVIO. ¿No?

PADRE. Debe haber subido a la baranda[84].

NOVIO. ¡Voy a ver! *(Entra.)*

(Se oye algazara y guitarras.)

MUCHACHA I.ª ¡Ya han empezado! *(Sale.)*

NOVIO *(saliendo)*. No está.

MADRE *(inquieta)*. ¿No?

PADRE. ¿Y dónde pudo haber ido?

CRIADA *(entrando)*. ¿Y la niña, dónde está?

MADRE *(seria)*. No lo sabemos.

(Sale el NOVIO. *Entran tres invitados.)*

PADRE *(dramático)*. Pero ¿no está en el baile?

CRIADA. En el baile no está.

PADRE *(con arranque)*. Hay mucha gente. ¡Mirad!

CRIADA. ¡Ya he mirado!

PADRE *(trágico)*. ¿Pues dónde está?

NOVIO *(entrando)*. Nada. En ningún sitio.

MADRE *(al* PADRE). ¿Qué es esto? ¿Dónde está tu hija?

(Entra la MUJER *de* LEONARDO.)*

MUJER. ¡Han huido! ¡Han huido! Ella y Leonardo. En el caballo. ¡Iban abrazados, como una exhalación![85]

---

[83] Este parlamento de la Madre es quizás el más irónico de todos.

[84] En Losada aparece, «Debe haber salido a la baranda.» Consideramos que es un posible error de imprenta o un posible cambio del autor por exigencias de escenario en Buenos Aires.

[85] Ya están sobre el caballo fatal que los conducirá al bosque donde les espera su sino: ella como «mujer perdida y doncella», y él como víctima sacrificial.

PADRE. ¡No es verdad! ¡Mi hija, no!

MADRE. ¡Tu hija, sí! Planta de mala madre, y él, también él. ¡Pero ya es la mujer de mi hijo![86]

NOVIO *(entrando).* ¡Vamos detrás! ¿Quién tiene un caballo?

MADRE. ¿Quién tiene un caballo ahora mismo, quién tiene un caballo? Que le daré todo lo que tengo, mis ojos y hasta mi lengua...[87]

VOZ. Aquí hay uno.

MADRE *(al hijo).* ¡Anda! ¡Detrás! *(Sale con dos mozos.)* No. No vayas. Esa gente mata pronto y bien...; ¡pero sí, corre, y yo detrás!

PADRE. No será ella. Quizá se haya tirado al aljibe.

MADRE. Al agua se tiran las honradas, las limpias; ¡ésa, no! Pero ya es mujer de mi hijo. Dos bandos. Aquí hay dos bandos. *(Entran todos.)* Mi familia y la tuya. Salid todos de aquí. Limpiarse el polvo de los zapatos. Vamos a ayudar a mi hijo. *(La gente se separa en dos grupos.)* Porque tiene gente; que son sus primos del mar y todos los que llegan de tierra adentro. ¡Fuera de aquí! Por todos los caminos. Ha llegado otra vez la hora de la sangre[88]. Dos bandos. Tú con el tuyo y yo con el mío. ¡Atrás! ¡Atrás!

TELÓN

FIN DEL ACTO SEGUNDO

---

[86] Inmediatamente la madre empieza a culpar, según su criterio de buena o mala casta, a la familia de la Novia y a la de Leonardo.

[87] Recuerdo indeleble del famoso parlamento de *Ricardo III* de Shakespeare,

«¡Un caballo! ¡Un caballo!
¡Mi reino por un caballo!»

[88] *La hora de la sangre:* la hora de la verdad inevitable. No ha habido lugar a dudas, desde el primer parlamento de la Madre sobre la navaja, que en algún momento llegaría «la hora de la sangre». Toda la obra hasta este momento señala insistentemente su necesidad y su inevitabilidad. Ahora se cumplirán todas las profecías anteriores que desembocan en el rito sacrificial del bosque del tercer acto.

143

Acto tercero

Bosque. Es de noche. Grandes troncos húmedos.
Ambiente oscuro. Se oyen dos violines [89].

(Salen tres LEÑADORES [90].)

LEÑADOR 1.º ¿Y los han encontrado?
LEÑADOR 2.º No. Pero los buscan por todas partes.
LEÑADOR 3.º Ya darán con ellos.
LEÑADOR 2.º ¡Chissss!
LEÑADOR 3.º ¿Qué?
LEÑADOR 2.º Parece que se acercan por todos los caminos a la vez.
LEÑADOR 1.º Cuando salga la luna los verán.
LEÑADOR 2.º Debían dejarlos.

---

[89] Aunque hay evidentes semejanzas entre *Bodas de sangre* y *El caballero de Olmedo,* señaladas por De la Guardia (págs. 332-335) entre otros, este bosque de Lorca dista mucho del lugar de la muerte del caballero lopesco. El bosque de Lorca no contiene elementos sobrenaturales: *es* el bosque sobrenatural. Lorca ha ido mucho más al fondo mítico de *bosque.* Los *grandes troncos húmedos* nada tienen que ver con el mundo de los «secanos» que dejamos atrás en el segundo acto. Este bosque es el de la divinidad lunar, «plenilunio de Turdetania» en la frase señera de Fernández Almagro, y hemos de tener en cuenta siempre su calidad sobrenatural. Se parece más al bosque donde muere Perneo en *Las bacantes.*

Sobre la música de los violines, véase el artículo «Bach y *Bodas de sangre*» de Christopher Maurer.

[90] Los Leñadores forman una especie de coro sobrenatural cuya función, como en la tragedia griega, es informarnos y comentar la acción.

144

LEÑADOR 1.º El mundo es grande. Todos pueden vivir en él.

LEÑADOR 3.º Pero los matarán.

LEÑADOR 2.º Hay que seguir la inclinación; han hecho bien en huir.

LEÑADOR 1.º Se estaban engañando uno a otro y al final la sangre pudo más.

LEÑADOR 3.º ¡La sangre!

LEÑADOR 1.º Hay que seguir el camino de la sangre.

LEÑADOR 2.º Pero sangre que ve la luz se la bebe la tierra.

LEÑADOR 1.º ¿Y qué? Vale más ser muerto desangrado que vivo con ella podrida[91].

LEÑADOR 3.º Callar.

LEÑADOR 1.º ¿Qué? ¿Oyes algo?

LEÑADOR 3.º Oigo los grillos, las ranas, el acecho de la noche.

LEÑADOR 1.º Pero el caballo no se siente.

LEÑADOR 3.º No.

LEÑADOR 1.º Ahora la estará queriendo.

LEÑADOR 2.º El cuerpo de ella era para él y el cuerpo de él para ella.

LEÑADOR 3.º Los buscan[92] y los matarán.

LEÑADOR 1.º Pero ya habrán mezclado sus sangres y serán como dos cántaros vacíos, como dos arroyos secos.

LEÑADOR 2.º Hay muchas nubes y será fácil que la luna no salga.

LEÑADOR 3.º El novio los encontrará con luna o sin luna. Yo lo vi salir. Como una estrella furiosa. La cara color ceniza. Expresaba el sino de su casta[93].

LEÑADOR 1.º Su casta de muertos en mitad de la calle.

LEÑADOR 2.º ¡Eso es!

LEÑADOR 3.º ¿Crees que ellos lograrán romper el cerco?

LEÑADOR 2.º Es difícil. Hay cuchillos y escopetas a diez leguas a la redonda.

---

[91] Los comentarios de los Leñadores muestran tanto la inevitabilidad de los sucesos como su función sacrificial: *sangre que ve la luz se la bebe la tierra*.

[92] En Alianza, «Los buscarán y los matarán». Mantenemos la forma que nos parece correcta como también aparece en Cruz y Raya, Losada y Aguilar.

[93] El poeta hace eco de los dos primeros actos, sólo que aquí los valores se entienden desde el punto de vista de las fuerzas sobrenaturales y no desde el de los personajes.

LEÑADOR 3.º Él lleva un buen caballo.

LEÑADOR 1.º Pero lleva una mujer.

LEÑADOR 1.º Ya estamos cerca.

LEÑADOR 2.º Un árbol de cuarenta ramas. Lo cortaremos pronto.

LEÑADOR 3.º Ahora sale la luna. Vamos a darnos prisa.

(Por la izquierda surge una claridad.)

LEÑADOR 1.º
¡Ay luna que sales!
Luna de las hojas grandes.

LEÑADOR 2.º
¡Llena de jazmines la sangre!

LEÑADOR 1.º
¡Ay luna sola!
¡Luna de las verdes hojas!

LEÑADOR 2.º
Plata en la cara de la novia.

LEÑADOR 3.º
¡Ay luna mala!
Deja para el amor la oscura rama.

LEÑADOR 1.º
¡Ay triste luna!
¡Deja para el amor la rama oscura!⁹⁴

---

[94] Las imágenes para describir a la Luna proceden del mundo floral y vegetal, como es natural. El «personaje» sobrenatural de la Luna representa la apoteosis de cuantas lunas aparecen en la obra de Lorca. La luna es el elemento más frecuente en su poesía, y, debido a *Bodas de sangre,* en su teatro también. Aquí el elemento poético, que tanto se asocia con la muerte, se levanta del libro para convertirse en una *dramatis persona,* y en personaje mítico. La personificación de los elementos naturales es una de las características más sobresalientes en toda la obra de Lorca, especialmente en el *Romancero gitano.* La mitificación teatral de la Luna aquí representa un paso más en este proceso de interpretación animista de la naturaleza. La escena que sigue es sin duda el momento cumbre de este proceso. Ahora se presenta la Luna en la escena.

disfraz

(Salen. Por la claridad de la izquierda aparece la LUNA. *La* LUNA
*es un leñador joven con la cara blanca. La escena adquiere un vivo
resplandor azul.)*

LUNA.
> Cisne redondo en el río,
> ojo de las catedrales,
> alba fingida en las hojas
> soy; ¡no podrán escaparse!
> ¿Quién se oculta? ¿Quién solloza
> por la maleza del valle?
> La luna deja un cuchillo
> abandonado en el aire,
> que siendo acecho de plomo
> quiere ser dolor de sangre.
> ¡Dejadme entrar! ¡Vengo helada
> por paredes y cristales!
> ¡Abrir tejados y pechos
> donde pueda calentarme!
> ¡Tengo frío! Mis cenizas
> de soñolientos metales,
> buscan la cresta del fuego
> por los montes y las calles.
> Pero me lleva la nieve
> sobre su espalda de jaspe,
> y me anega, dura y fría,
> el agua de los estanques.
> Pues esta noche tendrán
> mis mejillas roja sangre,
> y los juncos agrupados
> en los anchos pies del aire.
> ¡No haya sombra ni emboscada,
> que no puedan escaparse!
> ¡Que quiero entrar en un pecho
> para poder calentarme!
> ¡Un corazón para mí!
> ¡Caliente, que se derrame
> por los montes de mi pecho;
> dejadme entrar, ¡ay, dejadme!

147

(A las ramas.)

No quiero sombras. Mis rayos
han de entrar en todas partes,
y haya en los troncos oscuros
un rumor de claridades,
para que esta noche tengan
mis mejillas dulce sangre,
y los juncos agrupados
en los anchos pies del aire.
¿Quién se oculta? ¡Afuera digo!
¡No! ¡No podrán escaparse!
Yo haré lucir al caballo
una fiebre de diamante[95]

(Desaparece entre los troncos, y vuelve la escena a su luz oscura. Sale una anciana totalmente cubierta por tenues paños verdeoscuros. Lleva los pies descalzos. Apenas si se le verá el rostro entre los pliegues. Este personaje no figura en el reparto.)

MENDIGA.
Esa luna se va y ellos se acercan.
De aquí no pasan. El rumor del río

[95] Este parlamento es tan sangriento como lírico. Recuérdese lo que Lorca dijo sobre el empleo del verso aquí: «Venga en buena hora la poesía en aquellos instantes que la disipación y el frenesí del tema lo exijan». Disipación del mundo real y frenesí en la sangrienta sed de la Luna. La luna siempre se asocia con la muerte en la obra de Lorca, pero aquí la Luna no solamente se asocia con la muerte sino que requiere la sangre de víctimas.

Sobre el significado de la Luna, véase todo el estudio de Álvarez de Miranda. Esta Luna, aunque es la más sangrienta y la única versión teatral, recuerda inevitablemente a otras representaciones de la luna en la obra de Lorca, como, por ejemplo la luna del «Llanto por Ignacio Sánchez Mejías»:

Dile a la luna que venga,
que no quiero ver la sangre
de Ignacio sobre la arena.

Pero la luna poética más cercana a esta Luna sedienta es la luna que aparece como bailarina mortal en el «Romance de la luna, luna», el primero del *Romancero gitano*. Su baile fascinante y fatídico significa la muerte para el niño gitano, y al final del poema la luna lo lleva a su reino celeste:

Por el cielo va la luna
con un niño de la mano.

apagará con el rumor de troncos
el desgarrado vuelo de los gritos.
Aquí ha de ser, y pronto. Estoy cansada.
Abren los cofres, y los blancos hilos
aguardan por el suelo de la alcoba
cuerpos pesados con el cuello herido.
No se despierte un pájaro y la brisa,
recogiendo en su falda los gemidos,
huya con ellos por las negras copas
o los entierre por el blando limo.

(Impaciente.)

¡Esa luna, esa luna!

(Aparece la LUNA. *Vuelve la luz azul intensa.)*

LUNA.

               Ya se acercan.
Unos por la cañada y el otro por el río.
Voy a alumbrar las piedras. ¿Qué necesitas?

MENDIGA.

                           Nada.

LUNA.
El aire va llegando duro, con doble filo.

MENDIGA.
Ilumina el chaleco y aparta los botones,
que después las navajas ya saben el camino.

LUNA.
Pero que tarden mucho en morir. Que la sangre
me ponga entre los dedos su delicado silbo.
¡Mira que ya mis valles de ceniza despiertan
en ansia de esta fuente de chorro estremecido!

MENDIGA.
No dejemos que pasen el arroyo. ¡Silencio!

LUNA. ¡Allí vienen! *(Se va. Queda la escena oscura.)*

149

MENDIGA.

> De prisa. Mucha luz. ¿Me has oído?
> ¡No pueden escaparse![96]

(Entran el NOVIO *y* MOZO 1.º. *La* MENDIGA *se sienta y se tapa
con el manto.)*

NOVIO. Por aquí.

MOZO 1.º No los encontrarás.

NOVIO *(enérgico)*. ¡Si los encontraré!

MOZO 1.º Creo que se han ido por otra vereda.

NOVIO. No. Yo sentí hace un momento el galope.

MOZO 1.º Sería otro caballo.

NOVIO *(dramático)*. Oye. No hay más que un caballo en el
mundo, y es éste. ¿Te has enterado? Si me sigues, sígueme
sin hablar.

---

[96] Esta Mendiga representa obviamente la Muerte, el diácono de la Luna,
como explica Álvarez de Miranda. Esta asociación de la Luna y la Muerte es
frecuente en la obra de Lorca desde los poemas tempranos. En un poema
titulado «La luna y la muerte» de 1919, leemos:

> La luna tiene dientes de marfil.
> ¡Que vieja y triste asoma!
>
> ...
>
> Doña Muerte, arrugada,
> pasea por sauzales
> con su absurdo cortejo
> de ilusiones remotas.
>
> ...
>
> La luna le ha comprado
> pinturas a la Muerte.
> En esta noche turbia
> ¡está la luna loca!

Y en «Canción de jinete» vemos esta asociación:

> Por el llano, por el viento,
> jaca negra, luna roja.
> La muerte me está mirando
> desde las torres de Córdoba.

A pesar de estas asociaciones íntimas, la función de la luna y de la muerte
nunca había tenido una influencia tan directa, o tan obviamente sacrifical
como en *Bodas de sangre,* donde intervienen directamente como influencia
nefasta e insolayable en el destino de los seres humanos, donde, en efecto,
determinan su final trágico.

MOZO 1.º Es que quisiera...

NOVIO. Calla. Estoy seguro de encontrármelos aquí. ¿Ves este brazo? Pues no es mi brazo. Es el brazo de mi hermano y el de mi padre y el de toda mi familia que está muerta. Y tiene tanto poderío, que puede arrancar este árbol de raíz si quiere. Y vamos pronto, que siento los dientes de todos los míos clavados aquí de una manera que se me hace imposible respirar tranquilo.

MENDIGA (*quedándose*). ¡Ay!

MOZO 1.º ¿Has oído?

NOVIO. Vete por ahí y da la vuelta.

MOZO 1.º Esto es una caza.

NOVIO. Una caza. La más grande que se puede hacer[97].

(*Se va el* MOZO. *El* NOVIO *se dirige rápidamente hacia la izquierda y tropieza con la* MENDIGA, *la muerte.*)

MENDIGA. ¡Ay!

NOVIO. ¿Qué quieres?

MENDIGA. Tengo frío.

NOVIO. ¿Adónde te diriges?

MENDIGA (*siempre quejándose como una mendiga*). Allá lejos...

NOVIO. ¿De dónde vienes?

MENDIGA. De allí..., de muy lejos.

NOVIO. ¿Viste un hombre y una mujer que corrían montados en un caballo?

MENDIGA (*despertándose*). Espera... (*Lo mira.*) Hermoso galán. (*Se levanta.*) Pero mucho más hermoso si estuviera dormido.

NOVIO. Dime, contesta, ¿los viste?

MENDIGA. Espera... ¡Qué espaldas más anchas! ¿Cómo no te gusta estar tendido sobre ellas y no andar sobre las plantas de los pies que son tan chicas?

NOVIO (*zamarreándola*). ¡Te digo si los viste! ¿Han pasado por aquí?

MENDIGA (*enérgica*). No han pasado; pero están saliendo de la colina. ¿No los oyes?

NOVIO. No.

---

[97] Parlamento irónico puesto que tanto él como Leonardo, son a la vez cazados por la Luna y la Mendiga, por un destino que está más allá de su control.

MENDIGA. ¿Tú no conoces el camino?

NOVIO. ¡Iré como sea!

MENDIGA. Te acompañaré. Conozco esta tierra.

NOVIO (impaciente). ¡Pues vamos!⁹⁸ ¿Por dónde?

MENDIGA (dramática). ¡Por allí!⁹⁹

(Salen rápidos. Se oyen lejanos dos violines que expresan el bosque. Vuelven los LEÑADORES. Llevan las hachas al hombro. Pasan lentos entre los troncos.)

LEÑADOR 1.°
¡Ay muerte que sales!
Muerte de las hojas grandes.

LEÑADOR 2.°
¡No abras el chorro de la sangre!

LEÑADOR 1.°
¡Ay muerte sola!
Muerte de las secas hojas.

LEÑADOR 3.°
¡No cubras de flores la boda!

LEÑADOR 2.°
¡Ay triste muerte!
Deja para el amor la rama verde.

LEÑADOR 1.°
¡Ay muerte mala!
¡Deja para el amor la verde rama!¹⁰⁰

(Van saliendo mientras hablan. Aparecen LEONARDO y la NOVIA.)

LEONARDO
¡Calla!

---

⁹⁸ En las ediciones de Cruz y Raya, Aguilar y Alianza aparece: «¡Pero vamos!» Seguimos la edición de Losada porque nos parece más adecuada la frase «¡Pues vamos!».

⁹⁹ Esta intervención de la Mendiga no deja lugar a dudas de que los personajes están bajo el control de fuerzas ajenas.

¹⁰⁰ Los Leñadores suplican clemencia a la Luna y a la Mendiga, pero éstas no la tendrían.

NOVIA.
>Desde aquí yo me iré sola.
>¡Vete! Quiero que te vuelvas.

LEONARDO.
>¡Calla, digo!

NOVIA.
>   Con los dientes,
>con las manos, como puedas,
>quita de mi cuello honrado
>el metal de esta cadena,
>dejándome arrinconada
>allá en mi casa de tierra.
>Y si no quieres matarme
>como a víbora pequeña,
>pon en mis manos de novia
>el cañón de la escopeta.
>¡Ay, que lamento, qué fuego
>me sube por la cabeza!
>¡Qué vidrios se me clavan en la lengua!

LEONARDO.
>Ya dimos el paso, ¡calla!
>porque nos persiguen cerca
>y te he de llevar conmigo.

NOVIA.
>¡Pero ha de ser a la fuerza!

LEONARDO.
>¿A la fuerza? ¿Quién bajó
>primero las escaleras?

NOVIA.
>Yo las bajé.

LEONARDO.
>¿Quién le puso
>al caballo bridas nuevas?

NOVIA.
    Yo misma. Verdad[101].

LEONARDO.
                                    ¿Y qué manos
    me calzaron las espuelas?

NOVIA.
    Estas manos, que son tuyas,
    pero que al verte quisieran
    quebrar las ramas azules
    y el murmullo de tus venas.
    ¡Te quiero! ¡Te quiero! ¡Aparta!
    Que si matarte pudiera,
    te pondría una mortaja
    con los filos de violetas.
    ¡Ay, qué lamento, qué fuego
    me sube por la cabeza!

LEONARDO.
    ¡Qué vidrios se me clavan en la lengua!
    Porque yo quise olvidar
    y puse un muro de piedra
    entre tu casa y la mía.
    Es verdad. ¿No lo recuerdas?
    Y cuando te vi de lejos
    me eché en los ojos arena.
    Pero montaba a caballo
    y el caballo iba a tu puerta.
    Con alfileres de plata
    mi sangre se puso negra,
    y el sueño me fue llenando
    las carnes de mala hierba.
    Que yo no tengo la culpa,
    que la culpa es de la tierra

---

[101] En Losada, únicamente, aparece «Verdá». Restauramos *verdad,* porque Lorca no emplea nunca este tipo de transcripciones fonéticas del habla popular andaluza.

y de ese olor que te sale
de los pechos y las trenzas[102].

NOVIA.

¡Ay qué sinrazón! No quiero
contigo cama ni cena,
y no hay minuto del día
que estar contigo no quiera,
porque me arrastras y voy,
y me dices que me vuelva
y te sigo por el aire
como una brizna de hierba.
He dejado a un hombre duro
y a toda su descendencia
en la miad de la boda
y con la corona puesta.
Para ti será el castigo
y no quiero que lo sea.
¡Déjame sola! ¡Huye tú!
No hay nadie que te defienda.

LEONARDO.

Pájaros de la mañana
por los árboles se quiebran.
La noche se está muriendo
en el filo de la piedra.
Vamos al rincón oscuro
donde yo siempre te quiera,
que no me importa la gente
ni el veneno que nos echa.

---

[102] Es obvio en estos versos bellísimos, quizás los más bellos de la obra,
que ninguno de los dos se siente culpable.

Las violentas contradicciones de sus parlamentos muestran claramente
que no han querido huir, sino que han tenido que huir, impelidos por un
destino telúrico incontrolable.

Aunque la situación es bien distinta, Adela en *La casa de Bernarda Alba* se
siente también impelida por una fuerza amorosa sobre la que no tiene control. A Martirio exclama casi al final de la obra: «Martirio, Martirio, que yo
no tengo la culpa».

(La abraza fuertemente.)

NOVIA.
>Y yo dormiré a tus pies
>para guardar lo que sueñas.
>Desnuda, mirando al campo,

(Dramática.)

>como si fuera una perra,
>¡porque eso soy! Que te miro
>y tu hermosura me quema.

LEONARDO.
>Se abrasa lumbre con lumbre.
>La misma llama pequeña
>mata dos espigas juntas[103].
>¡Vamos!

(La arrastra.)

NOVIA.

>   ¿Adónde me llevas?

LEONARDO.
>Adonde no puedan ir
>estos hombres que nos cercan.
>¡Donde yo pueda mirarte!

NOVIA *(sarcástica)*.
>Llévame de feria en feria,
>dolor de mujer honrada,
>a que las gentes me vean
>con las sábanas de boda
>al aire, como banderas.

LEONARDO.
>También yo quiero dejarte
>si pienso como se piensa.
>Pero voy donde tú vas.

---

[103] Estos versos vienen a ser un verdadero «duo». En medio del bosque mortal, una canción patética de amor imposible.

Tú también. Da un paso. Prueba,
Clavos de luna nos funden
mi cintura y tus caderas[104].

(Toda esta escena es violenta, llena de gran sensualidad.)

NOVIA.
    ¿Oyes?

LEONARDO.
    Viene gente.

NOVIA.
                            ¡Huye!
    Es justo que yo aquí muera
    con los pies dentro del agua
    y espinas en la cabeza.
    Y que me lloren las hojas,
    mujer perdida y doncella.

LEONARDO.
    Cállate. Ya suben.

NOVIA.
                            ¡Vete!

LEONARDO.
    Silencio. Que no nos sientan.
    Tú delante. ¡Vamos, digo!

(Vacila la NOVIA.*)*

NOVIA.
    ¡Los dos juntos!

LEONARDO *(abrazándola).*
                            ¡Como quieras!
    Si nos separan, será
    porque esté muerto.

---

[104] Reconocimiento por parte de Leonardo de que la atracción entre ellos
es algo que ni él ni ella pueden haber evitado. *Clavos de luna* es una alusión
directísima a la fuerza más poderosa de la obra, la fuerza que los une —mi
cintura y tus caderas— en una atracción sexual que viene a ser —*clavos de
luna*— una maldición y una sentencia lunares.

NOVIA.

Y yo muerta.

(Salen abrazados.)

(Aparece la LUNA *muy despacio. La escena adquiere una fuerte luz azul. Se oyen los dos violines. Bruscamente se oyen dos largos gritos desgarrados, y se corta la música de los violines. Al segundo grito aparece la* MENDIGA *y que queda de espaldas. Abre el manto y queda en el centro como un gran pájaro de alas inmensas. La* LUNA *se detiene. El telón baja en medio de un silencio absoluto.)*[105]

TELÓN

CUADRO ÚLTIMO

Habitación blanca con arcos y gruesos muros. A la derecha y a la izquierda escaleras blancas. Gran arco al fondo y pared del mismo color. El suelo será también de un blanco reluciente. Esta habitación simple tendrá un sentido monumental de iglesia. No habrá ni un gris, ni una sombra, ni siquiera lo preciso para la perspectiva.

(Dos MUCHACHAS *vestidas de azul oscuro están devanando una madeja roja.)*

MUCHACHA I.ª
Madeja, madeja[106],
¿qué quieres hacer?

MUCHACHA 2.ª
Jazmín de vestido,
cristal de papel.

---

[105] La escena que describe la acotación es escénicamente poderosa, extrañamente bella y de una fatalidad absoluta. Las muertes ocurren, como en la tragedia griega, fuera de la escena. Álvarez de Miranda, vale la pena recordarlo, califica esta escena en términos de la religión arcaica como «sacra representación» que «se ha celebrado... en una palabra rito» (págs. 49-50).
[106] Evidente símbolo del destino humano.

Nacer a las cuatro,
morir a las diez[107].
Ser hilo de lana,
cadena a tus pies
y nudo que apriete
amargo laurel.

NIÑA *(cantando)*.
¿Fuisteis a la boda?

MUCHACHA 1.ª
No.

NIÑA.
¡Tampoco fui yo!
¿Qué pasaría
por los tallos de las viñas?
¿Qué pasaría
por el ramo de la oliva?
¿Qué pasó
que nadie volvió?
¿Fuisteis a la boda?

MUCHACHA 2.ª
Hemos dicho que no.

NIÑA *(yéndose)*.
¡Tampoco fui yo!

MUCHACHA 2.ª
Madeja, madeja,
¿qué quieres cantar?

MUCHACHA 1.ª
Heridas de cera,
dolor de arrayán.

---

[107] Recuerdan estos versos, por señalar con cifras arbitrarias el nacimiento
y la muerte, el verso del final que repiten la Novia y la Madre:

en un día señalado, entre las dos y las tres

En los dos casos la arbitrariedad se refiere a la arbitrariedad del destino. La
ingenuidad de esta canción contrasta con la seriedad del tema y del momento.

159

Dormir la mañana,
de noche velar.

NIÑA *(en la puerta).*

El hilo tropieza
con el pedernal.
Los montes azules
lo dejan pasar.
Corre, corre, corre,
y al fin llegará
a poner cuchillo
y a quitar el pan[108].

(Se va.)

MUCHACHA 2.ª
Madeja, madeja,
¿qué quieres decir?

MUCHACHA I.ª
Amante sin habla.
Novio carmesí.
Por la orilla muda
tendidos los vi.

(Se detiene mirando la madeja.)

NIÑA *(asomándose a la puerta).*
Corre, corre, corre,
el hilo hasta aquí.
Cubiertos de barro
los siento venir.
¡Cuerpos estirados,
paños de marfil!

(Se va.)

---

[108] Consideramos que hay un error de impresión en la edición de Losada
donde este verso aparece así:

«y quitar el pan».

(Aparecen la MUJER *y la* SUEGRA *de* LEONARDO.
Llegan angustiadas.)

MUCHACHA 1.ª
¿Vienen ya?

SUEGRA *(agria).*
No sabemos.

MUCHACHA 2.ª
¿Qué contáis de la boda?

MUCHACHA 1.ª
Dime.

SUEGRA *(seca).*
Nada.

MUJER.
Quiero volver para saberlo todo.

SUEGRA *(enérgica).*
Tú, a tu casa.
Valiente y sola en tu casa.
A envejecer y a llorar.
Pero la puerta cerrada.
Nunca. Ni muerto ni vivo.
Clavaremos las ventanas.
Y vengan lluvias y noches
sobre las hierbas amargas[109].

MUJER.
¿Qué habrá pasado?

SUEGRA.
No importa.
Échate un velo en la cara.
Tus hijos son hijos tuyos

---

[109] Este parlamento de la Suegra, recuerda uno igualmente duro de Bernarda Alba:

En ocho años que dure el luto no ha de entrar en esta casa el viento de la calle. Hacemos cuenta que hemos tapiado con ladrillos puertas y ventanas. Así pasó en casa de mi padre y en casa de mi abuelo.

161

nada más. Sobre la cama
pon una cruz de ceniza
donde estuvo su almohada.

(Salen.)

MENDIGA *(a la puerta).*
Un pedazo de pan, muchachas.

NIÑA.
¡Vete!

(Las MUCHACHAS *se agrupan.)*

MENDIGA.
¿Por qué?

NIÑA.
Porque tú gimes: vete.

MUCHACHA 1.ª
¡Niña!

MENDIGA.
¡Pude pedir tus ojos! Una nube
de pájaros me sigue; ¿quieres uno?

NIÑA.
¡Yo me quiero marchar!

MUCHACHA 2.ª *(a la* MENDIGA).
¡No le hagas caso!

MUCHACHA 1.ª
¿Vienes por el camino del arroyo?

MENDIGA.
¡Por allí vine!

MUCHACHA 1.ª *(tímida).*
¿Puedo preguntarte?

MENDIGA.
Yo los vi; pronto llegan: dos torrentes
quietos al fin entre las[110] piedras grandes,

---

[110] Por error, seguramente de imprenta, Losada omite el artículo *las*, lo cual cambiaría la medida del endecasílabo. Seguimos por ello, en este punto, las ediciones de Cruz y Raya, Aguilar y Alianza.

dos hombres en las patas del caballo.
Muertos en la hermosura de la noche[111].

(Con delectación.)

Muertos, sí, muertos.

MUCHACHA I.ª

¡Calla, vieja, calla!

MENDIGA.
Flores rotas los ojos, y sus dientes
dos puñados de nieve endurecida.
Los dos cayeron, y la novia vuelve
teñida en sangre falda y cabellera.
Cubiertos con dos mantas ellos vienen
sobre los hombros de los mozos altos.
Así fue, nada más. Era lo justo.
Sobre la flor del oro, sucia arena.

(Se va. Las MUCHACHAS *inclinan las[112] cabezas y rítmicamente*
van saliendo.)

MUCHACHA I.ª
Sucia arena.

MUCHACHA 2.ª
Sobre la flor del oro.

NIÑA.
Sobre la flor del oro
traen a los muertos del arroyo.
Morenito el uno,
morenito el otro.
¡Qué ruiseñor de sombra vuela y gime
sobre la flor del oro!

---

111 La Mendiga ha salido del bosque y ha venido a contar lo que ha pasado allí. Aparte de la Novia, ella es el único testigo que ha presenciado el desenlace trágico en las patas del caballo fatídico de Leonardo. Habla del suceso con obvio deleite fúnebre.
112 Otro artículo erróneamente omitido en la edición de Losada.

(Se va. Queda la escena sola. Aparece la MADRE *con una* VECI-
NA. *La* VECINA *viene llorando.)*

MADRE. Calla.

VECINA. No puedo.

MADRE. Calla, he dicho. *(En la puerta)* ¿No hay nadie aquí?
(Se lleva las manos a la frente.) Debía contestarme mi hijo.
Pero mi hijo es ya un brazado de flores secas. Mi hijo es
ya una voz oscura detrás de los montes. *(Con rabia a la* VE-
CINA.*)* ¿Te quieres callar? No quiero llantos en esta casa.
Vuestras lágrimas son lágrimas de los ojos nada más, y las
mías vendrán cuando yo esté sola, de las plantas de mis
pies, de mis raíces, y serán más ardientes que la sangre[113].

VECINA. Vente a mi casa; no te quedes aquí.

MADRE. Aquí. Aquí quiero estar. Y tranquila. Ya todos están
muertos. A medianoche dormiré, dormiré sin que ya me
aterren las escopetas o el cuchillo. Otras madres se asoma-
rán a las ventanas, azotadas por la lluvia, para ver el rostro
de sus hijos. Yo no. Yo haré con mi sueño una fría paloma
de marfil que lleve camelias de escarcha sobre el camposanto. Pero no; camposanto no, camposanto no: lecho de
tierra, cama que los cobija y que los mece por el cielo.
*(Entra una mujer de negro que se dirige a la derecha, allí se arro-
dilla. A la* VECINA.*)* Quítate las manos de la cara. Hemos
de pasar días terribles. No quiero ver a nadie. La tierra y
yo. Mi llanto y yo. Y estas cuatro paredes. ¡Ay! ¡Ay! *(Se
sienta transida.)*[114]

VECINA. Ten caridad de ti misma.

MADRE *(Echándose el pelo hacia atrás).* He de estar serena. *(Se
sienta.)* Porque vendrán las vecinas y no quiero que me
vean tan pobre. ¡Tan pobre! Una mujer que no tiene un
hijo siquiera que poderse llevar a los labios.

---

[113] Dice Bernarda Alba, de modo parecido, después del suicidio de Adela, en su último parlamento:

> Y no quiero llantos. La muerte hay que mirarla cara a cara. ¡Silen-
> cio!... ¡A callar he dicho!... ¡Las lágrimas cuando estés sola! Nos hun-
> diremos todas en un mar de luto.

[114] Nótense en este parlamento las duras imágenes telúricas: *camposanto
no, camposanto no: lecho de tierra ... la tierra y yo.*

(Aparece la NOVIA. *Viene sin azahar y con un manto negro.)*

VECINA *(viendo a la* NOVIA *con rabia)*. ¿Dónde vas?

NOVIA. Aquí vengo.

MADRE *(a la* VECINA*)*. ¿Quién es?

VECINA. ¿No la reconoces?

MADRE. Por eso pregunto quién es. Porque tengo que no re-
conocerla, para no clavarle mis dientes en el cuello. ¡Ví-
bora! *(Se dirige hacia la* NOVIA *con ademán fulminante; se detiene. A la* VECINA.*)* ¿La ves? Está ahí y está llorando, y yo
quieta sin arrancarle los ojos. No me entiendo. ¿Será que
yo no quería a mi hijo? Pero ¿y su honra? ¿Dónde está su
honra? *(Golpea a la* NOVIA. *Esta cae al suelo.)*

VECINA. ¡Por Dios! *(Trata de separarlas.)*

NOVIA *(a la* VECINA*)*. Déjala; he venido para que me mate y
que me lleven con ellos. *(A la* MADRE.*)* Pero no con las
manos; con garfios de alambre, con una hoz, y con fuerza, hasta que se rompa en mis huesos. ¡Déjala! Que quiero que sepa que yo soy limpia, que estaré loca, pero que
me pueden enterrar sin que ningún hombre se haya mirado en la blancura de mis pechos.

MADRE. Calla, calla; ¿qué me importa eso a mí?

NOVIA. ¡Porque yo me fui con el otro, me fui! *(Con angus-
tia.)* Tú también te hubieras ido. Yo era una mujer que-
mada, llena de llagas por dentro y por fuera, y tu hijo era
un poquito de agua de la que yo esperaba hijos, tierra,
salud; pero el otro era un río oscuro, lleno de ramas, que
acercaba a mí el rumor de sus juncos[115] y su cantar entre
dientes. Y yo corría con tu hijo que era como un niñito
de agua fría[116] y el otro me mandaba cientos de pájaros

---

[115] En *La casa de Bernarda Alba* Adela dice de Pepe el Romano: «El me
lleva a los juncos de la orilla.» En ambas expresiones la palabra *juncos* tiene
una connotación sexual.

[116] Estas alusiones a un *poquito de agua* y *un niñito de agua fría* hacen pensar
en un parlamento de *Yerma*. Cuando la Vieja ofrece su hijo a Yerma para que
la fecunde, ésta dice:

> Yo soy un campo seco donde caben arando mil pares de bueyes y lo
> que tú me das es un pequeño vaso de agua de pozo.

165

que me impedían el andar y que dejaban escarcha sobre mis heridas de pobre mujer marchita, de muchacha acariciada por el fuego. Yo no quería, ¡óyelo bien!, yo no quería. ¡Tu hijo era mi fin y yo no lo he engañado, pero el brazo del otro me arrastró como un golpe de mar, como la cabezada de un mulo, y me hubiera arrastrado siempre, siempre, aunque hubiera sido vieja y todos los hijos de tu hijo me hubiesen agarrado de los cabellos[117]. *(Entra una vecina.)*

MADRE. Ella no tiene la culpa, ¡ni yo! *(Sarcástica.)* ¿Quién la tiene, pues? ¡Floja, delicada, mujer de mal dormir es quien tira una corona de azahar para buscar un pedazo de cama calentado por otra mujer!

NOVIA. ¡Calla, calla! Véngate de mí; ¡aquí estoy! Mira que mi cuello es blando; te costará menos trabajo que segar una dalia de tu huerto. Pero ¡eso no! Honrada, honrada como una niña recién nacida. Y fuerte para demostrártelo. Enciende la lumbre. Vamos a meter las manos: tú, por tu hijo; yo, por mi cuerpo. Las retirarás antes tú[118]. *(Entra otra vecina.)*

MADRE. Pero ¿qué me importa a mí tu honradez? ¿Qué me importa tu muerte? ¿Qué me importa a mí nada de nada? Benditos sean los trigos, porque mis hijos están debajo de ellos; bendita sea la lluvia, porque moja la cara de los muertos. Bendito sea Dios, que nos tiende juntos para descansar. *(Entra otra vecina.)*

NOVIA. Déjame llorar contigo.

MADRE. Llora. Pero en la puerta.

---

[117] La Novia insiste aquí en su falta de culpa, y expresa en términos incondicionales cómo fue arrastrada por una fuerza superior. Esta fuerza no es la fuerza de Leonardo, sino la fuerza de atracción que los dos sienten mutuamente. También insiste en su deseo de haberse casado con el Novio. Esta insistencia es necesaria para que *Bodas de sangre* sea una obra trágica y no melodrama de sexo.

[118] Tan convencida está de su falta de culpa y de su honradez corporal que quiere la prueba más dramática: la del fuego.

(Entra la Niña. La Novia queda en la puerta. La Madre, en el centro de la escena.)

Mujer *(entrando y dirigiéndose a la izquierda).*

> Era hermoso jinete[119],
> y ahora montón de nieve.
> Corrió ferias y montes
> y brazos de mujeres.
> Ahora, musgo de noche
> le corona la frente.

Madre.

> Girasol de tu madre,
> espejo de la tierra.
> Que te pongan al pecho
> cruz de amargas adelfas[120];
> sábana que te cubra
> de reluciente seda,
> y el agua forme un llanto
> entre tus manos quietas.

---

[119] Este *jinete* recuerda los muchos jinetes de la obra de Lorca que mueren: «ese jinete hacia la muerte que cabalga por toda la poesía de mi hermano», como lo expresó Francisco García Lorca, *Federico y su mundo*, pág. 345.

[120] De este verso procede el título de la primera traducción al inglés: *Bitter Oleander, adelfa amarga*. En la obra de Lorca, la adelfa es un elemento que se asocia con la muerte. Cfr. estos versos del «Romance del Emplazado» que es, a la vez, ese misterioso personaje que se llama «El Amargo»:

> El veinticinco de junio
> le dijeron a el Amargo:
> Ya puedes cortar si gustas
> las adelfas de tu patio.
>
> ...
>
> Porque dentro de dos meses
> yacerás amortajado.

MUJER.
　　¡Ay, que cuatro muchachos[121]
　　llegan con hombros cansados!

NOVIA.
　　¡Ay, que cuatro galanes[122]
　　traen a la muerte por el aire!

MADRE.
　　Vecinas.

NIÑA *(En la puerta.)*
　　Ya los traen.

[121 y 122] Aunque la palabra *que* está entre signos de admiración, mantenemos la versión de Losada en que aparece como conjunción, es decir, sin acento ortográfico. Las ediciones de Aguilar y Alianza reproducen erróneamente el admirativo *qué* como la edición de Cruz y Raya. En la nuestra mantenemos el polisíndeton, ese deliberado recurso estilístico tan frecuente en varios poemas de Lorca. Recuérdense, al efecto, los últimos versos del poema «La soleá»:

　　　　¡Ay!...
　　　　que vestida con mantos negros!

y también los últimos del poema «Sorpresa»:

　　　　Que muerto se quedó en la calle
　　　　que con un puñal en el pecho
　　　　y que no lo conocía nadie.

Es de notar, además, que la «Comisión de Gramática» de la Real Academia Española al referirse a la presencia de la conjunción en comienzo de cláusulas, da como ejemplos los versos de Lope de Vega en *El caballero de Olmedo*

　　　　Que de noche le mataron
　　　　al caballero,
　　　　la gala de Medina,
　　　　la flor de Olmedo

y el conocido verso de Lorca en «La casada infiel»:

　　　　Y que yo me la llevé al río.

(Esbozo de una nueva gramática de la lengua española, Madrid, Espasa-Calpe, 1973, págs. 517-518.)

　　Para una erudita información del uso del *que* en García Lorca, véase Leo Spitzer. «Notas sintáctico-estilísticas a propósito del español *que*», *Revista de Filología Hispánica*, vol. IV, núm. 2, 1942, págs. 105-265.

168

MADRE.
Es lo mismo,
la cruz, la cruz.

MUJERES.
Dulces clavos,
dulce cruz,
dulce nombre
de Jesús.

MADRE.
Que la cruz ampare a muertos y vivos.

Vecinas, con un cuchillo,
con un cuchillito,
en un día señalado, entre las dos y las tres,
se mataron los dos hombres del amor.
Con un cuchillo,
con un cuchillito
que apenas cabe en la mano,
pero que penetra fino
por las carnes asombradas,
y que se para en el sitio
donde tiembla enmarañada
la oscura raíz del grito.

NOVIA.
Y esto es un cuchillo,
un cuchillito
que apenas cabe en la mano;
pez sin escamas ni río,
para que en un día señalado, entre las dos y las tres,
con este cuchillo
se queden dos hombres duros
con los labios amarillos.

MADRE.
Y apenas cabe en la mano,
pero que penetra frío
por las carnes asombradas
y allí se para, en el sitio

donde tiembla enmarañada
la oscura raíz del grito[123].

(Las VECINAS, *arrodilladas en el suelo, lloran.)*

TELÓN

FIN DEL DRAMA

---

[123] Conviene citar aquí a Francisco García Lorca, en un breve juicio sobre este final:

> Sería útil consignar ..., que una parte mínima del pasaje final que comienza «Vecinas, con un cuchillo...» lo decía antes la Novia, según mi recuerdo, y que la obra terminaba con las palabras puestas en la boca de la Madre:
>
> *Que la cruz ampare a muertos y vivos.*
>
> Por parecer poco intenso este final, a mi juicio mucho más acertado, Federico se avino a prolongar el breve aludido pasaje, hasta convertirlo en una especie de poema alterno, poco afortunado en mi opinión. Ese final es ya el de la obra, y debe imprimirse así. *(Federico y su mundo,* Madrid, Alianza, pág. 345).

La edición de Alianza suprime, sin explicación, la intervención de la Novia, dejando todo como un extenso parlamento recitado por la Madre.

Mantenemos en nuestra edición el «poema alterno» con la intervención de la Madre y la Novia, no sólo por considerar correctas las ediciones de Cruz y Raya, Aguilar y Losada en este punto, sino porque creemos —como dice Francisco García Lorca— que «Ese final es ya el de la obra, y debe imprimirse así». Y lo mantenemos, sobre todo, porque, al hacer alternar a la Novia y a la Madre en el mismo parlamento, Lorca trasciende el tema de la rivalidad entre ellas, y al hacerlas repetir las mismas palabras, dirige la atención de los espectadores o lectores a la trágica ineluctabilidad de los sucesos ocurridos en la obra. Recuérdese el juicio de Álvarez de Miranda:

> ...El himno de los protagonistas, Madre y Novia, al terrificante instrumento mortal; ambas repiten insistentemente, hasta que cae el telón, los versos extáticos del cuchillo. Una especie de «adoración» al cuchillo une en idéntico gesto a las dos feroces rivales. Ya no lloran cada una a su muerto, ni execran ya cada cual al matador de éste. Las muertes recíprocas, y el poeta hace a sus personajes oír de rodillas el himno del cuchillo. El cuchillo es la muerte y es su causa, es su misterio y su fascinación. Toda la trama de la obra es superada ya, y el «juego de pasiones» se ha transfigurado en los versos de este himno final, de este inverosímil «pange lingua» que celebra una literal apoteosis del cuchillo. (Álvarez de Miranda, pág. 34).

170

Colección Letras Hispánicas

DE PRÓXIMA APARICIÓN